노동의 종말에 반하여

필리프 프티와의 대담

도미니크 슈나페르

김교신 옮김

東文選

노동의 종말에 반하여

Dominique Schnapper

Contre la fin du travail

entretien avec Philippe Petit

'진정한' 일자리를 꿈꾸는 모든 젊은이들에게 바친다.

개 요

■ 노동과 시민권 ———————————————— 13

시민들의 사회는 1776년, 노동자들의 사회와 동시에 나타났다. 만일 우리가 우리 사회에서 노동이 차지하는 지위를 다시 생각해야 한다면, 그때 우리는 생산적인 노동과 시민간의 이런 본원의 관계를 생각해야 한다. 복지 국가의 위기가 정치적 국가의 위기와 결합될 때 시민들과 사회 지도층간의 단절은 정치적 정당성을 해친다. 시민들과 엘리트 계층 사이의 믿음을 어떻게 회복할 것인가?

■ 일하는 인간의 존엄성 ———————————————— 47

개인에게 자기 자신의 존엄성에 대한 자각을 부여하고, 다른 이들에게는 그것을 존중하도록 유도하는 사회적 지위는 일자리와 불가피한 관계를 맺고 있다. 실업자, RMI(Revenu Minimum d'Insertion ; 직업 세계로 편입하는 데 필요한 최소한의 수입) 수당의 수령자들, 그리고 아무런 사회적 지위도 없는 자들은 모욕당한 자들이다. 이민과 배척에 관한 어떤 견해는 그것을 고려해야 한다고 말하고 있다.

■ 공유해야 할 새로운 가치들 ———————————————— 77

노동을 재조직하고, 노동 시간을 줄이고, 대인 서비스 분야를 발전시킴으로써 새로운 일자리를 창출하는 것은 새롭게 태어난 사회경제학을 실천하기 위해 경쟁 분야를 정비하려는 동일한 의지에서 출발하고 있다.

포르트레
(초상화)

노동은 사형 선고를 받았다. 노동은 죽어가고 있다. 자칫하면 현대의 곡녀(哭女; 장례식 때 직업적으로 곡하는 여자)들은 폴 라파르그가 소중하게 여기는 '게으름의 신'에 대한 찬사를 노래하게 될지 모른다. 작가 비비안 포레스테의 《경제의 공포》(1996)와, 워싱턴의 경제동향재단(FET)의 현 총재인 제레미 리프킨의 《노동의 종말》(1996)이 서점가에서 거둔 성공은 가장 명철한 지성들을 혼란에 빠뜨렸다.

지난날 노동을 여러 가지 생산력들의 제멋대로의 게임으로부터 해방시키고자 했던 많은 사람들이 지금은 그것으로부터 해방되는 것을 요구하고 있다. 노동과 수고에서 사회적 존엄성의 원천을 보던 사람들이 지금은 사회적 통합에 필요한 노동의 규범적인 가치를 무시하려는 듯하고, 이제는 그것을 경쟁적 생산 체제의 하나의 단순한 도구로밖에는 생각지 않는다. 자신들의 사상을 뉘우치고 재교육을 받은 자유주의적 마르크스주의자들은 노동의 종말과 그것의 넌센스를 축하하기 위해 악수하고 있다.

이 얼마나 웃기는 노정이란 말인가! 하지만 라파르그는 1880년에 발행된 그의 소책자에서 지나친 노동만을 비난했다. "게으름에 대한 우리의 요구는, 능률적이고 우리의 생활을 보장해 주고 합리적으로 분배되고 계획된 노동에 대한 우리의 찬사의 하나의 양상일 뿐이다. 그런 노동은 모든 이들에게 더 많은 여가를 베풀어 줄 수 있다." 하지만 새로운 노래에 새로운 곡조가 붙듯이 그로부터 117년 뒤, 그러니까 노동이 결핍되고 일자리가 사라지는 추세에 놓이게 된 지금 과거에 우리가 폐기됐다고 믿었던 유토피아들이 다시 나타나는 것도 별로 놀랄 일은 아니다. 길 잃은 사회주의, 기대를 저버린 자유주의는 실업자들의 모욕을 우울한 것으로 만들고 있다. 매년 게으름의 성인의 날을 축하해 오던 나풀(대서양 연안 알프스)의 주민들을 제외한다면, 수고의 쇠퇴를 찬양할 사람은 잠든 엘리트들과 아무것도 안하고 앉아 있는 관리들밖에 없다. 왜냐하면 좀더 자세히 알고 보면 노동은 원래 그것을 갖지 못한 사람들에게는 몹시 아쉬운 것으로서, 오늘날에도 변함 없이 '개인들의 존엄성을 보장하고 사회적 교환의 본질을 유지'하는 역할을 하고 있기 때문이다.

왜 이런 탈선이 생겼을까? 이것이 바로 우리가 앞으로 전개될 대담에서 도미니크 슈나페르와 함께 밝히고 싶었던 것이다. 《실업의 시련》(1981)과 《통합의 프랑스》(1991)의 저자인 그녀는 환상에 현혹되는 여성이 아니다. 공화주의적 전통 속에서 교육받은 그녀는 듣기 좋은 공상보다는 야심적인 정치적 계획을 더 좋아한다. 그녀는 공상가가 아닌 비판적인 사회학자로서 현대 노동의 위치에 관한 우리의 질문에 대답했다. 그녀는 사회 문제 조사 전문가로서 20년 전부터 프랑스 사회에 스며든 임금 제도의 위기에 관한 자신의 시각을 우리에게 개진했다. 에스키모의 사회도, 한국인의 사회도 아닌 우리 사회는 인간의 노동에 경의를 표하고, '개별적 시민과 생산자로서의 이중적 가치에' 기반을 두는 것을 '첫번째 원칙'으로 하는 사회이다.

1934년 파리에서, 로렌과 리옹 출신의 부모를 둔 세 아이 중 맏이로, 레이몽 아롱과 수잔 고송의 딸로 태어난 도미니크 슈나페르는 아버지 쪽으로 애국적인 유대교 가족에 속해 있었다. 유대인과 결혼한 그녀는 반은 유대인인 그들에게 소속되어 이중 유산을 받았고, 그에 대한 '거만도 부끄러움도 없이' 그것을 받아들였다. 그녀는 이것을 1980년에 발표한 너무나 훌륭한 연구서 《유대인들과 이스라엘인들》에서 강조한 바 있다. 어릴 때 전쟁을 겪고 추방으로 삶이 뒤죽박죽되어 버린 그녀는, 2년 5개월 동안 어머니와 함께 모로코에 머물다 1940년 6월 영국군에 가담해 있던 아버지와 재회한다. 그곳에서 1943년 개학 때부터 그녀는 컴벌랜드로 철수한 런던의 프랑스 고등학교 기숙사 학생이 되었다. 레이몽 아롱 자신이 편집자로 있던 《자유 프랑스》 잡지에 《전쟁의 연대기》(1940∼1944; 1990년에 갈리마르출판사에서 재판)를 썼을 때 그녀는 조국의 학교에서 교육을 받았고, 지적으로나 역사적으로나 무척 긴장된 분위기 속에서 성장했다. 1945년 6월 파리로 돌아온 그녀는 몰리에르 고등학교에서 별다른 사건 없이 학업을 마친 뒤, 1952년 대입자격시험에 합격하여 소르본에서 교양과정을 이수하고 고등사범학교 문과 수험 준비반에 등록했다. 그녀는 기개 있는 여성들, 철저한 교육가들을 교수로 만났다. 국립교육자료원의 원장이 된 디나 드레퓌스와 니체 전문가인 잔 델롬은 엄격한 철학자들이었다. 정치학연구소에서 수업한 뒤, 그녀는 1963년 고등연구소의 피에르 부르디외가 지휘하는 연구소에 합류하여 사회학을 배우고, 박물관의 관객과 관리에 관해 조사했다. 그리고 1968년까지 《상속자들》의 저자와 함께 일했다.

그녀의 첫번째 사회학 논문들은 볼로냐 사회를 대상으로 한 것이었는데, 거기서 그녀는 "일상 생활의 여러 분야를 통해…… 경제적으로 효율적이고 정치적으로 앞선 사회에서 유지되고 있는 연속성과 전통의 몫"에 대한 분석을 시도했다. 그녀는 1969년에도 이 주제로 논문을 썼고, 그 다음에는 프랑스의 이민자들과 유대인들에게 관심을 가진다. 그리고 마지막으로 사회 보장, 국가에 관한 연구에 몰두하여 내놓은 것이 《시민들의 공동체》(1994)이다.

자유 정신의 소유자로서 1987년 국적법위원회의 회원을 지낸 그녀는 국가를 감사하게 여기는 '만능 공무원'이다. 최근 몇 년 간 국가가 그녀에게 베푼 것을 그녀는 충성스럽게 돌려 주고 있다. 이 심정적·이성적 자유주의자에게 '자유주의 국가와 복지 국가간의 단절이나 불연속성'은 존재하지 않는다. 만일 오늘날 우리가 노동의 사회를 재고하고 시민의 유대를 다시 세워야 한다면, 그 방법은 '게으를 권리'를 주장하고 그것을 이루는 것이 아니다. 죽은 것은 노동이 아니다. 다만 산업이 만들어 준 일자리가 기술 혁명의 타격에 저항할 수가 없었던 것뿐이다. 죽어가는 것은 공화국이 아니다. 하지만 공화국은 '지속적인 창조 속에서 그의 구체적인 형태와 실천 조건들'을 갱신해야 한다. 도미니크 슈나페르에 의하면, 노동을 재조직하고 노동 시간을 줄이고 대인 서비스 분야를 개발함으로써 새로운 일자리를 만들어 내고 배척에 맞서 싸우는 것이, 경쟁 분야를 조직하고 감독하여 새로운 일자리를 개발하려는 하나의 동일한 계획과 동일한 의지에 속한다고 한다. 노동의 종말에 대항하여, 그리고 공화국의 열정의 구슬픈 단말마의 고통에 대항하여 우리가 생각해야 할 것은 노동이지 노동의 종말이 아니다.

필리프 프티

노동과 시민권

■ 당신은 왜 '노동의 종말'이란 개념에 반대하나?

　그 표현은 내가 보기엔 터무니없는 것이다. 혹시 그 말이 우리가 더 이상 노동하지 않는다는 의미라면 그건 틀렸다. 아니면 우리가 더 이상 일하기를 원치 않는다는 의미라면 모든 조사들은 현실은 그 반대임을 입증하고 있다. 그것도 아니고, 만일 그 말이 우리가 더 이상 일하지 않는 사회를 향해 나아가고 있다는 의미라면 그 또한 사실이 아니다.

　우리는 이 표현에 또 다른 의미를 부여할 수 있다. "더 이상 일하지 않는 것이 바람직한 듯하다." 그건 가능하다. 하지만 이때 우리는 관념적인 판단 또는 유토피아에 빠져 있다. 근대 사회는 개인으로서의 시민과 생산자라는 이중 가치에 기반을 두고 있다. 근대 사회는 상징적으로 1776년에 탄생했다. 1776년은 애덤 스미스 ——그는 인간의 행동을 사회 생활의 중심에 놓았다—— 의 《국부(國富)의 성질과 원인에 관한 연구》(《국부론》)가 등장한 해이고, 또한 미국이 독립한 해이다. 이는 최초의 근대적인 위대한 민주주의의 탄생을 의미한다. 우리는 또 다른 세상을 꿈꿀 수 있지만, 우리가 사는 세상의 현실을 부정해선 안 된다. 만일 오늘 우리가 노동의 지위를 다시 생각해야 한다면 이때 우리는 여전히 근본적인 것으로 남아 있는 것, 즉 생산적인 노동과 시민권의 본원의 관계를 무시하면 안 된다. 근대 시민은 노동을 함으로써 그의 존엄성을 획득했기 때문이다.

▌당신은 노동에 대하여 호의적인 자들, 그러니까 우리가 때로 '노동
　당원'이라 부르는 자들 편에 속하는데……

　그렇다고 내가 관념적으로 노동을 찬성하는 것은 아니다. 또 나
의 관념적 선택이 중요한 것도 아니다. 나는 사람들이 명상하는 생
활을 영위하기 위해 수도원에 들어갈 수도 있고, 또 그러한 선택
이 도덕적으로 커다란 가치를 지닐 수도 있다는 것을 매우 잘 알
고 있다. 나는 도덕적 판단을 내리려는 것이 아니다. 나는 단지 우
리 사회에서 노동은 사회를 구성하는 기본적인 매개물이라고 말하
고 싶은 것이다. 그 점을 고려해야만 한다. 근대 사회는 직업적 활
동, 시민권, 그리고 그 두 가지의 연결을 둘러싸고 건설되었다. 근
대 사회는 비교적 관대한 사회이므로 성소를 가진 자들은 수도원
——그런데 그곳에서도 일은 한다——에 들어갈 수 있다. 하지만
사회 체제 자체는 생산 활동을 둘러싸고 조직되었다. 노동을 반대
할 생각을 할 게 아니라——그것은 실현 불가능한 일이다. 따라서
아무에게도 도움이 되지 못한다——그 정리 방법을 궁리하여, 사
회적 배척으로 끌고 갈 수 있는 어떤 과정을 경험하고 있는 사람
들을 집단 생활로 통합할 수 있는 능력을 지키게 혹은 다시 찾을
수 있게 해야 한다.

▌도미니크 메다는 우리가 산업 혁명, 그리고 프랑스 혁명 때 유급
　노동을 처음으로 생각해 냈다고 말한다. 임금을 주는 이러한 고용
이전의 고용에 대해 당신은 어떤 표현을 사용하겠나? 노동은 그리스 시
대부터 존재해 왔다.

　도미니크 메다는 다양한 사회에서 경제적 제약, 기술 조건, 가치

체계에 따라 노동은 다양한 형태와 의미를 지닌다는 의견을 제시하였다. 그의 모든 역사적 분석은 뛰어나고 정확하다. 하지만 그와 노동의 종말 또는 노동 가치의 종말을 예고하는 모든 사회학자들을 보면서 내가 약간 답답하게 여기는 것은, 분명히 말하지만 우리는 가치 체계를 바꿀 수 있으며——그리고 바꿔야 하며——오늘날에는 시민권과 생산 제일주의라는, 근대 사회를 구성하는 이중 차원을 더 이상 고려하지 않을 수도 있다는 생각이다. 우리가 유감스럽게 여기건 그렇지 않건 우리는 부와 서비스의 생산을 중심으로 조직된 사회에 속해 있다. 그리고 거기서 발생한 모든 결과는 우리의 생활 방식, 가치와 사회적 지위의 고하, 나아가 부부를 구성하는 개인들 또는 부모와 자식간의 관계 등에도 영향을 미친다. 인도 사회에서 가장 높은 카스트의 구성원들은 노동하지 않는다. 높은 지위를 갖는다는 것은 일하지 않음을 함축한다. 이것은 역사상의 많은 사회에서도 마찬가지였다. 그리스의 도시 국가에서 공적 생활에의 참여는 특히 노예들이 경제 활동을 담당했기에 가능했다. 근대 사회에서는 이와는 반대로 중요한 사람일수록 더 많은 일을 한다. 이 나라 국무총리들의 시간표는 정신이 없을 정도다. 이 모든 것을 집어던질 수 있다는 생각은 내가 보기엔 순진하고 위험한 생각 같다. 왜냐하면 그러한 생각은 현실을 개선하기 위해 이리저리 궁리해 보려는 노력을 기피하게 만들기 때문이다.

이제는 더 이상 완전 고용이란 것을 경험하지 못하는 한 사회의 조직에 대해 생각해 볼 필요가 있다. 우리는 영광의 30년 동안 그것을 체험했다. 완전 고용은 필요한 것이지만 그것을 못 이룬다고 해서 그것이 우리가 노동과 노동의 가치를 제거해야 하거나, 또는 제거할 수 있다는 것을 의미하지는 않는다. 생산 조직은 기술의 발달이나 혁명과 함께 변한다. 그러므로 우리는 이러한 변화에 적응하고 전체적인 성장으로부터 최대한의 이익을 얻을 수 있는 방법을 모색해야 한다. 그러나 노동이 더 이상 우리 사회의 주축이 되지 않는다는 것은 상상할 수도 없는 일이다.

오늘날 기술의 혁명이란 관점에서 볼 때 노동의 종말에 관한 논쟁이 왜 이 정도까지 이원론화했는지를 설명해 달라. 마치 노동의 종말에 찬성하느냐 반대하느냐 하는 문제가 된 것 같다. 이것은 문제를 너무 단순화시킨 것 아닌가?

노동의 종말 또는 죽음을 예고하는 자들, 또 그것을 격찬하는 자들을 보고 내가 놀란 것은 그들이 확인된 사실과 규범을 혼동한다는 것이다. 오늘날 우리는 우리 일생을 통해 우리 부모와 조부모가 일하던 것보다 적은 시간을 일한다. 그건 사실이다. 하지만 그렇다고 거기에서 노동이 이제는 더 이상 하나의 규범이 아니고 가치도 잃었으며, 공동 생활을 조직하는 기능을 잃었다는 결론을 끌어낼 수는 없는 것이다. 그것은 사실에서 규범으로 곧장 건너뛰는 행위다. 사회학자들의 모든 조사들이 그것을 입증하고 있다. 우리는 예전보다 일을 덜하지만, 그래도 노동은 여전히 노동하는 자들에게나 직장을 잃은 자들에게나 똑같이 중요한 위치를 차지하고 있다.

노동은 물질적 생활을 보장하고, 시간과 공간을 조직화하는 수단이다. 노동은 자기 자신의 존엄성과 사회적 교환의 표현 공간이다. 직업과 관계된 노동 시간은 인생의 여타 순간들에 그 의미를 부여해 준다. 한 세기마다 발생하는 노동 시간의 감소가 규범의 약화를 가져오지는 않는다. 젊은이들 또는 RMI의 실업 수당 수령자들이 무엇을 요구하는가 보라. 그들은 무엇보다 일자리, '진정한' 일자리를 원한다. 우리는 그것을 무시해선 안 된다. 노동이 중요성을 잃었다고 주장하는 자들의 대부분은 관리들이다. 따라서 20년 전부터 적어도 상대적으로는 특권을 누려 온 자들인 것이다. 나는 그들말고 다른 사람들이 이런 주장을 펼치는 것은 한번도 보지 못했다.

■ 당신은 이런 노동 중심주의가 무엇에 근거하고 있다고 보는가?

자연을 통제하고자 하는 야심은 애덤 스미스와 미국의 민주주의 훨씬 이전부터 서구 문명에 뿌리 깊이 각인되어 있었다. 내 제자 중 하나인 파스칼 크리프는 토라(모세 5경) 이래 노동의 개념이 서구인의 정의를 구성하는 것을 입증하고 있다. 우리의 전통으로 볼 때 인간은 노동을 통해 자기 자신을 실현하고 그의 충만한 인간성, 즉 자연의 주인이 되기 위한 노력을 표현한다. 18세기에는 경제학의 탄생과 함께 '호모에코노미쿠스'가 인간의 전형이 된다. 루소는 노동으로부터 독립성과 미덕이 나오며, 노동은 소유·자유·평등과 같은 사회의 기본적 요소들의 기반이 된다고 말하고 있다. 개인은 그의 일 덕택에 자립적일 수 있으며, 동시에 그에 따라 그의 시민권 행사에서도 자립적일 수가 있게 된다. 루소는 우리들 중 누구도 아버지의 일을 물려받아서는 안 되며 자수성가해야 한다고 주장했다.

몽테스키외가 보기에 '상업은 평등한 인간들의 직업'이다. 우리는 애덤 스미스와 자유주의 경제학자들뿐만 아니라 당대의 모든 사상가들에게서 근대 사회는 진정한 시민이 되는 것을 허락하는 독립적인 노동에 의해 정의된다는 주장을 발견할 수 있다. 새로운 사회계약론은 이러한 이중 차원을 내포한다. 우리는 그보다 훨씬 더 오래 된 한 이야기에서 출발하여 16~18세기 사이에 만들어진 '호모파베르'(솜씨 좋은 인간)와 같은 이러한 인간의 개념을 상속

받았다. 주권을 가진 개인, 그것은 시민으로서의 인간이기도 하지만 일하는 인간이기도 하다. 인간은 자연을 제 것으로 만든다.

유럽인들은 이런 식으로 그들의 미국에서의 행동을 정당화했다. 그곳의 땅은 순결한 상태였는데, 그것은 그곳에 그 땅의 주인인 인디언들이 살기 때문이 아니었다. 땅은 수확을 내는 자의 것이다. 분명한 것은 이런 논리에 동의하는 것이 중요한 것이 아니라 하나의 사고 방식을 이해하는 것이 중요하다는 것이다. 우리는 이런 유산에 의해 규정되지는 않는다. 하지만 우리는 이에 대해 개인의 존엄성의 근거는 그의 노동과 시민권 행사에 공히 존재한다는 생각을 확고히 해왔다.

▌ 애덤 스미스는 "우리는 모두 자기 자신의 노동뿐 아니라 타인의 노동으로도 산다"고 하였다. 우리가 애덤 스미스의 노동의 분할에 대한 인정으로부터 카를 마르크스의 노동의 분할에 대한 비난까지 거쳐온 것을 당신은 어떻게 설명하겠는가?

그들 사이에는 사람들이 생각하는 것만큼 대립되는 것이 많지 않다. 마르크스는 노동이 조직화된다고 보았고, 그것을 비난했다. 그는 노동이 지녀야 할 모습을 가지고 자신이 만든 높은 이상, 즉 인간 실현의 장의 이름으로 노동을 판단했다. 그는 그가 목격한 사회적 현실을 비난했는데 단 그것은 인간은 그의 노동 안에서, 그리고 노동을 통해 그 자신이 되며, 우리는 인간을 소외시키는 대신 그에게 노동의 구체적인 수단을 제공해야 한다는 생각으로 그런 것이다. 이 점에서 그는 애덤 스미스와 비슷하다.

▌ 마르크스에게 생산은 노동과 동일한 것이 아닌가?

그의 비난은 생산의 조직화에 집중된다. 그는 그것의 증인이었고 그것이 전형적인 생산의 조직화라고 생각했다. 그의 비난을 통해 그는 노동의 진정한 의미를 되찾자고 주장했다.

그렇다면 기술의 진정한 의미는?

방법과 목적의 변증법을 다시 생각해야 한다. 기술은 수단으로 남아야지 목적이 되어서는 안 된다. 마르크스주의자들은 인간을 소외시키는 기술이라는 개념과 인간을 해방하는 기술이라는 개념 사이에서 항상 주저해 왔다. 기술은 둘 다 될 수 있다. 기술의 의미는 선험적으로 주어지는 것이 아니다. 기술은 인간의 능력을 발전시켜 그것을 가지고 다양하게 이용하거나, 반대로 이용할 수 있게 한다. 기술은 남녀의 일상의 수고를 덜어 줄 수 있다. 기술은 강제 수용소를 만들 수도 있다. 하지만 기계 그 자체는 현실에 적용된 지능의 고도의 집약을 의미하기 때문에, 그것을 만들어 낸 사람들과 그것을 사용하는 사람들에게 항상 목적 그 자체로 여겨질 위험이 있는 게 사실이다. 그래도 기계의 사용은 정치와 도덕의 감독하에 있어야 할 것이다.

사업주부터 장인(匠人)을 거쳐 가장 낮은 노동자에 이르기까지, 인간은 모두 사회 안에서 자신의 자리에 존재한다는 알랭의 말을 우리 모두는 기억하고 있다. 나는 이 이상적인 프랑스, 각자의 노동이 인정받고 존중받은 거의 전설적인 프랑스에 관한 당신의 관점을 공유하고 싶었다.

오늘날 알랭이 찬양한 30년대의 노동 조건을 견딜 사람은 아무도 없을 것이다. 우리가 산업적 동의 조직면에서 거둔 커다란 진보 덕에 오늘날 그것은 과거보다 덜 힘들고 덜 위험하게 되었다. 아무리 로렌 지방의 철강 공업이 번성하던 용광로 시대의 노동자들이 결국은 그들의 일을 사랑하게 됐고, 거기서 그들의 용기와 남자다움을 확인했다고 해도 그 시대를 그리워할 수는 없다.

▌ 알랭은 기능주의에 가까운 노동관을 가지고 있었는데……

그것은 지나치게 대상을 단순화시키는 관점이었다. 노동은 한번도 하나의 단순한 기능으로 귀착된 적이 없었다. 노동은 항상 다른 많은 것들을 의미했다. 왜냐하면 인간은 기계가 아니기 때문이다. 테일러(노동자의 작업 능률을 높이기 위해 공장에서의 노동의 과학적 조직화를 주장한 미국의 경제학자)는 인간을 그 역할에 국한시키려고 노력했다. 하지만 오래 전에 우리는 그로부터 벗어났다. 다행스러운 일이 아닐 수 없다!

▌ 애덤 스미스와 그의 후학들은 그리스인들이 세웠던 정의로운 도시국가가 가능하다고 생각한 모양이다. 하지만 자본주의의 위기와 함께 욕구와 활동간의 불균형이라는 개념, 삐걱거림이라는 개념이 이 아름다운 이상을 대체했다. 마르크스는 부의 축적 앞에서 당황했는데, 지금 우리는 기업 활동과 생산의 삐걱거림 앞에서 당황하고 있다.

18세기의 사상가들에게 경제 발전은 자연이 안겨 준 여러 가지 제약들, 그리고 봉건적·군주적 사회에서 물려받은 규제들에 비하면 하나의 인간 해방이었다. 영국 경제학의 창설자들은 경제적·정치적으로 인간을 해방시키기를 원했다. 사회가 재편성될 때는 항상 그렇겠지만 오늘날에도 우리는 불균형과 삐걱거림에 취약하다. 현대 사회는 기능주의자들의 도표가 예상한 것처럼 안정된 사회가 아니다. 현대 사회는 오히려 구조 파괴 또는 재편성의 사회, 불균형 또는 항구적인 균형 다시 잡기의 사회다. 게다가 현대 사회는 여지껏 한번도 지금 겪고 있는 것과 같은 모든 제도의 약화를 겪어본 적이 없다. 작금의 경우처럼 '위기' 또는 급변의 기간이 길어질 때, 우리는 확실히 불균형과 구조 파괴에 더욱 취약해진다. 우리는 국가와 개인의 의지에 동시에 요구되는 시장의 논리의 과잉을 느낀다. 하지만 단순히 '시장'——일종의 절대악의 화신——을 고발하는 것은 순진한 사람들을 속이는 행위다. 중요한 것은 자본주의의 탁월한 창조성을 유지하면서도 정치적 집단의 차원에서 몇몇 주민들에 대한 그것의 해로운 결과를 보상하려고 노력하는 것이다. 그것이 원조의 형태를 띠게 될지도 모른다는 위험을 안고서.

시장의 효율성과 사회 정의를 어떻게 결합시킬 수 있을까? 경제의 한 부분——단지 한 부분——을 하나의 특정 국가에 종속되지 않은 떠돌이 상사(商社)들이 메우고 있을 때 그것은 쉽지 않다. 하지만 생산성, 따라서 소득과 부를 보장하는 시장을 이탈하는 것은 얼빠진 이의 정책일 것이며, 사회 정의를 보장하지도 못할 것이 분명하다. 시장을 정리하고 그것의 풍부한 생식력을 유지할 수 있도록 감독해야 한다. 그러면서도 우리의 가치관과 민주 사회의 요구에 부합하는 어떤 사회 정의를 약속해야 한다.

그러니까 우리 사회가 정치적·경제적 질서를 동시에 확립했기 때문에 성공했다는 건가?

그런 연결 장치가 가능했기에 우리 사회가 가장 덜 나쁘게 성공한 것이다. 자본주의적 질서는 시민 사회의 내부에서 발전했다. 시민 사회는 완벽한 것과는 거리가 멀지만 현재까지 하나의 사회를 가장 덜 나쁘게 조직한 것이 바로 그것이다. 그 사회는 경제의 창조성, 상대적 사회 정의와 합법적 정치 질서의 수립에 기반을 둔 사회다. 동구권 국가들은 그들의 독특한 지리적 상황과 역사로 인해 아직 이와 같은 정치적 합법성을 획득하지 못했다.

▌당신은 당신의 글에서 복지 국가 역할의 중요성을 자주 언급하고, 또한 자유에 대한 권리와 신뢰에 대한 권리를 보증하는 것이 복지 국가의 의무라고 강조하고 있다. 오늘날 이 복지 국가가 겪고 있는 위기를 고려할 때 당신은 국가의 역할의 변화를 어떻게 보는가?

복지 국가의 위기는 무엇보다 먼저 재정의 위기다. 하지만 그것은 또한 사회계약론의 위기이기도 하다. 복지 국가는 경제 발전, 완전 고용, 제2차 세계대전의 종말 이후로 시민들의 존엄성의 원천을 구성해 온 임금 제도의 확산과 관련이 있었다. 따라서 재정의 위기는 사회적 위기를 초래한다. 이 두 개는 서로 결부되어 있다. 적자의 원인은 실업으로 인해 분담금을 내는 사람들의 수는 감소하고, 인구통계학적·경제적 이유로 보상 재원을 필요로 하는 사람들의 수는 끊임없이 증가하는 데 있다. 이와 동시에 너무나 많은 사람들이 경제 조직의 울타리 밖에 존재하면서 사회적으로 소외될 우려에 처해 있다. 위기는 유럽 전체에 존재하고 있지만, 그 중에서도 특수한 기능 장애를 겪고 있는 프랑스의 위기가 더 심각한 것으로 보인다. 프랑스의 사회 보장 제도는 모든 구성원이 지출하는 것이 이롭도록 계획됐다. 프랑스와 근접한 모든 나라에는 지출을 감독하는 심판 기관이 있는데 프랑스에만 없다. 그럼에도 독일인들은 프랑스인들과 마찬가지로 제대로 대접받지 못하고 있다. 대신 이런 조직의 문제 너머로 정치적 본질의 어떤 위기가 서서히 그 윤곽을 드러내고 있다.

피에르 로장발롱은 복지 국가에 관한 그의 저서에서 "하나의 공동 세상에 대한 소속감으로 이해되는 공민 정신의 재건 없이 연대적이고 구세주적인 정부(État solidariste-providence)는 존재할 수 없다. 부족한 것은 동원(mobilisation)뿐만이 아니다. 그것의 기반, 다시 말해 국민(Nation)도 부족하다"고 썼다. 이에 대한 당신의 생각은?

하나의 정치적 국가 내에 포함되는 복지 국가는 존재할 수 없다. 그것이 반드시 국가적일 필요는 없다. 하지만 하나의 정책의 장소는 확실히 필요하다. 우리는 시민적 차원에 호소할 때만, 또한 공통 가치관에 의거할 때만 비로소 복지 국가의 존재와 가치관이 만드는 인간들간의 양도를 정당화할 수 있다. 경제적 질서 내에서 보면 한 사람이 가지면 다른 사람은 빼앗기는 셈이 된다. 따라서 생산하는 사람들이 그들의 활동의 산물이 일시적 또는 영구적으로 활동이 없는 사람들에게 양도되는 것이 정당하다고 생각할 수 있도록 가치관을 공유해야 한다. 이런 공통 가치관이 없다면 일하는 사람들이 너무 많이 빼앗긴다는 느낌을 어느 순간 갖게 되지 말라는 법이 없다. 우리는 이러한 현상을 북부 이탈리아인들에게서 목격하고 있다. 그들은 남부에 대한 부의 재분배가 도에 넘친다고 생각하고 있다. 사회 정의와 국민적 연대감에 기반을 둔 공통 가치관의 명분으로서만 그들은 그것을 받아들일 수 있다.

제레미 리프킨은 "조직적인 노동자 운동이 없었다면 자본주의는 1백 년 전에 붕괴됐을 것이다"고 말한 바 있다. 오늘날 어떤 운동이 지난날 노동자 운동이 맡았던 역할을 대신할 수 있을까? 유럽에 국한해 말하자면 사람들은 먼저 단일 통화를, 그 다음 사회주의적 유럽을 언급한다. 우리들의 가치관을 뒤집어야 하지 않을까?

유럽 건설은 엄청난 계획이다. 유럽의 집단적 약화는 유럽 국가들이 여러 세기 동안 전쟁을 치른 데 기인한다. 유럽이란 말은 민족들간의 전쟁의 종말, 가깝고도 먼 이웃 나라들에 대해 그들이 독일인 또는 영국인이라는 이유로 멸시해도 좋다거나 적대적이라고 생각하는 가능성 대신 그들을 알 수 있는 가능성을 의미한다. 오늘날 프랑스 젊은이들에게 독일 군대가 라인 강을 넘어와 그들을 위협할 거라고 말하면 웃을 것이다. 하지만 우리는 오랫동안 그런 두려움 속에서 살았다. 반면 우리가 사람들을 전혀 열광시키지 못하는 재정적 기술에 대해 많이 말하는 것도 사실이다. 유럽 프로젝트는 사람들을 불러모을 수 있는 것이어야 하거늘, 우리는 이것을 하나의 회계 정책으로 축소한 듯한 인상을 주고 있다. 이에 대해 베네딕트 앤더슨은 이렇게 익살스럽게 말했다. "누가 COMECON(경제상호원조회의)이나 EEC(유럽경제공동체)를 위해 기꺼이 목숨을 바치려 하겠는가?"

그렇다면 사회주의적 유럽이라는 메시지가 구체화되지 못하는 것을 당신은 어떻게 설명하겠는가?

복지 국가는 각 나라마다 서로 매우 다른 방식으로 구상되고 조직되고 실천되었다. 프랑스인들이 사회주의 유럽안을 표명하고 있지만, 이웃 국가들이 프랑스의 사회 보장 제도를 볼 때 그들은 프랑스의 현실주의에 관해 몇 가지 의문을 품는다. 그렇지만 국민들을 동원할 여지가 있을 것이다. 정치적 유럽은 전쟁의 종말과 타국과의 만남을 의미하며, 통합 유럽인들이 그들의 가치를 내걸고 세상에 참여할 수 있는 가능성, 외부의 정치적 의지에 복종하지 않아도 되는 가능성을 의미한다. 사회주의적 유럽은 사회 정의라는 동일한 개념하에 경제 성장과 부의 재분배를 촉진하는 체제를 의미한다. 이 모든 것이 무시할 일은 아니다. 하지만 경제가 성장하는 기간 동안 사회주의적 유럽을 건설하는 것이 더 쉬운 것은 분명하다.

복지 국가에 관한 장에서 베르나르 페레는 이렇게 썼다. "절대 고집할 필요가 없는 이런 재정적 위기가 정치적 합법성의 위기로 인해 한층 더 악화되었다. 자유주의 사상의 대두는 체제의 방침, 그 중에서도 특히 보건 위생과 연금에 관한 철저한 논쟁을 유도했다. 이 문장들이 쓰여지는 순간, 체제의 미래가 지금처럼 불확실하게 보인 적은 없다."

영광의 30년대 ──이때 우리가 과거를 돌이켜보면서 그 시대의 풍요와 안정성을 과대 평가할 필요는 없다──에 프랑스 사회의 통합은 완전 고용 덕택이었다. 노동이 가능한 사람은 모두 일자리를 가지고 있었다. 그렇지 못한 사람은 정당하게 여겨지는 보상을 받았다. 양쪽 다 그들의 존엄성을 잃지 않았다. 생산은 증대했고 불평등은 감소하는 경향을 보였다. 이런 균형 또는 덕성스러운 순환이 다시 흔들렸다. 재정의 위기는 또한 일자리에 의한 사회 통합의 위기와 복지 국가에 의한 재분배의 위기이기도 하다. 잘못된 건 자유주의 사상이 아니라 기술적 조직의 변화, 정보과학의 혁명이다. 오늘날에는 적은 수의 사람으로도 좀더 많은 생산을 보장할 수 있다. 따라서 세계적 차원의 자유 경쟁 시장의 생산에 더 이상 참여하지 않는 사람들이 자신의 사회적 유용성을 인정받는 사회 조직을 재고해야 한다. 그 점에 대해 숙고해야 한다. 세상에는 컴퓨터 제조업만 있는 것이 아니다.

베르나르 페레가 하고 싶었던 말은 과거에는 대처리즘과 동일시되는 신자유주의(néo-libéralisme)가 있었는데, 그것을 우리는 알랭 마들랭에게서 다시 발견할 수 있으며, 당신의 견해는 다르다는 것이다.

계획 경제의 붕괴는 청부를 맡는 사람들, 시장에서 서로 대결하는 사람들의 자유를 기반으로 한 어떤 체제의 우월성을 증명했다. 하지만 그와 동시에 시장의 힘은 집단적 가치의 이름으로, 그리고 비록 그들이 무직자라 해도 모든 시민이 그들의 존엄성을 보장하는 생존의 조건을 누릴 권리의 이름으로 조절되어야 한다. 현대 사회의 위대함은 그것이 모든 인간의 대등한 존엄성이라는 사상 위에 세워졌다는 데 있다. 현대 경제의 효율성을 잃지 않으면서 자유 경쟁 시장에 직접적으로 참여하지 않는 모든 사람들의 존엄성을 인정하는 사회적 조직이 필요하다.

대처 전 수상은 실업 수당과 최저 소득을 낮추었지만 보건 위생 분야에는 손을 대지 못했다. 그녀의 뚜렷한 자유주의 사상에 비추어 볼 때, 이것은 복지 국가의 토대가 우리 사회의 하나의 후천적 경험이라는 것을 잘 보여 주고 있다. 그런데 어떤 정부도 그것을 취소할 수 없다. 그것이 과도하게 돌아갈 땐 그 형태를 바꾸거나 그 조직을 개선할 수 있지만, 그것의 원칙을 다시 문제삼을 수는 없다.

▌ 피에르 앙드레 타기에프는 이 문제들을 공화제화할 필요가 있다고 생각한다. 이 공화제화는 또다시 좌파와 우파의 분열을 가져오지나 않을까?

'd'를 대문자로 써서 우파(la Droite)를 본질주의화하고 'g'를 대문자로 써서 좌파(la Gauche)를 본질주의화해서는 안 되겠지만 공화주의적 토론은 확실히 필요하다. 만일 정치적 토론이 우파와 좌파의 '공화주의자들'과 국민전선 사이에서 전개된다면 그것은 비극적인 일이 될 것이다. 공화국의 법을 준수하는 모든 공화주의자들간의 토론이 필요하다. 거기서 그들은 자본주의와 시장의 창조성을 인정하고 공동 가치의 이름으로 그것을 정리하는 방법을 논의

할 것이다. 그럼으로써 개인으로서의 시민들은 설령 그들이 경쟁적인 경제 활동에 참여하지 않는다 하더라도 그들의 존엄성을 인정받도록 해야 한다. 거기서 진정한 토론이 탄생할 것이다. 왜냐하면 그것은 우리가 공화국 계약이라고 부를 수 있는 것의 구체적인 형태를 토의에 부칠 것이기 때문이다.

복지 국가의 위기에 대응하기 위해 좌파와 우파는 정말로 서로 대립해야 하는가?

여러 입장들이 근접할 수밖에 없는 하나의 기술적 차원이 있다. 사회 보장 기구를 개선하기 위해 알랭 쥐페는 좌파와 프랑스 민주노동동맹(CFDT)의 일부 계획을 다시 취했다. 가능한 기술적 해결책은 그리 많지 않았지만, 전문 지식을 갖춘 고위 관리직에 있는 일부 우파들이 그렇듯 기술적인 조처들을 취하는 데 그쳐서는 안 된다. 복지 국가의 문제는 비단 기술적인 것에만 있지 않고 정치적인 것에 있다. 복지 국가는 공동 가치를 내걸고 사회적 통합이라는 정치적 계획 안에서 방향을 취한다. 좀더 공화주의적인 공적 생활을 재건하고 순진한 시민들에게 '두 개의 도량형'이 존재한다는 인상을 주어야 한다. 모든 정부가 출발한 지 2주 만에 실시를 포기하고 마는 여러 가지 상징적인 조치들이 있다. 우리는 장관의 차가 신호등의 빨간 불을 준수해야 한다고 말한 자크 시라크를 비웃었다. 그것은 사실 매우 중요한 문제였다. 왜냐하면 정치적 삶은 상징을 먹기 때문이다. 솔직히 그것이 얼마나 지속됐나? 복지 국가 운영상의 수많은 기술적인 문제들 때문에 오늘날의 정치가들은 민주주의와 공화주의적 미덕의 요구들을 상당히 과소 평가하고 있다.

▌공화주의적 좌파가 착취와 소외된 노동을 비난하던 시기가 있었는
데……

노동이 중요하다고 말하는 생 시몽(공상적 사회주의자)주의의 좌
파도 있었다. 노동에서 인간의 인간다움이라는 은혜로운 표출을 본
마르크스주의의 좌파도 있었다. 우파와 좌파는 노동에 대한 서로
다른 개념에 관해 대립한 것이 아니라 앙시앵레짐(프랑스 혁명 전
의 구체제)과 혁명에 대한 관계에 대해 대립했다. 오늘날 대개의
사람들은 공화국을 인정하고 있다. 정치적 논쟁의 진짜 목적은 공
화주의적 공민 정신을 어떻게 되살릴 수 있을까, 시민 전체와 엘리
트 집단간의 신뢰를 어떻게 회복시킬 수 있을까 하는 것이 되어야
할 것이다.

▌당신은 현재 정부의 빈틈이 드러났고, 지금 우리는 엘리트 집단의
이해득실을 떠난 노동의 상실을 목격하고 있다고 보는가?

오늘날 우리가 프랑스 시민과 정부 사이에서 확인할 수 있는 대
립은 심각한 것이다. 민주주의에서 시민들은 그들이 자유롭게 선
택한 지도자들에게서 자신의 모습을 발견할 수 있어야 한다. 그들
이 아무리 너그럽다 해도 낯선 이들에 의해 지배받는 것은 참지
못한다. 그들은 또한 그들의 정부가 그들 외 다른 계층에 종속되어
있는 듯한 인상을 주는 것도 참지 못한다. 그들은 정치가들이나 대
기업의 회장들은 그들보다 더 많은 교육을 받고 더 유능하다는 것
을 인정한다. 그들은 정치가들이나 대기업의 회장들이 어느 정도
까지는, 단 자신들의 급여 수준과 많이 차이나지 않는 조건하에서
더 많은 급여를 받는 것이 당연하다고 생각한다. 시민들의 사회는
모든 사람의 지위가 평등하다는 생각에 기반을 두고 있다. 몇 가지
불평등은 수용할 만하고 또 수용되고 있지만, 다른 것들은 그렇지

않다. 왜냐하면 그것들은 합법성의 토대, 모든 시민들의 지위의 평등을 재검토하게 만들기 때문이다. 고용주가 당신보다 다섯 배, 열 배 더 많이 번다면 그건 좋다. 하지만 그 이상이라면…… 그건 문제가 된다. 오랫동안 프랑스 사람들은 서로의 월급을 알지 못했다. 그러나 지금은 그렇지 않다. 그 결과 시민들이 보기엔 엘리트들이 일종의 카스트(특권 계급)를 형성하고 있는 것처럼 보인다. 카스트 개념은 민주 사회의 가치 기준과 맞지 않는다. 정치가들, 행정부의 고위 책임자들, 경제계의 거물들, 저명한 언론인들이 유대, 교환, 상호의 이해 관계에 의해 연결된 진짜 카스트를 형성하고 있으며, 자기들끼리 쿵짝쿵짝해 자신들을 '속이고' 있다고 생각하는 시민들이 지금 프랑스에는 너무 많다. 뇌물을 주고받는 사람들은 정직한 사람들에게 피해를 입혀 가며 산다. '도덕적으로 책임은 있지만 죄인은 아닌'이라는 표현이 화제가 됐는데, 그것은 이 말이 정치인들, 그리고 더 넓게는 지도층에 속한 모든 구성원들이 다른 사람들과 똑같은 규범하에 있지 않다는, 사회 전반에 퍼져 있는 사람들의 감정과 일치하기 때문이다. 에이즈에 오염된 피가 환자들에게 수혈된 사건이 발생했을 때조차 의사들은 공공의 법에 복종하지 않는 것처럼 보였다. 만일 지도층의 구성원들이 중대한 과실을 저지르고 더 나아가 자신들에게 죄가 있다는 것을 인정하지 않는다면, ……정치가들이 자기 자신이 사임하는 대신 고위급 관료들을 해임할 때 그건 나라를 위해 심각한 일이다. 한 엄청난 대기업의 경영자가 저녁 9시 텔레비전의 한 채널에 나와 "나는 한 달에 1백만 프랑밖에 벌지 못하며 세금을 내고 있다"고 말할 때, 그는 1만 프랑(또는 그 이하)을 벌고 세금도 분명히 내는 대부분의 수백만 시청자에게 그가 다른 시민들과는 완전히 다른 생활 방식과 금전 평가를 지닌 한 특권 계급에 속해 있다는 느낌을 준다. 이것은 상징적으로 극도로 심각한 일이다.

프랑스의 엘리트들은 오랫동안 정직했거나 또는 사실 여부야 어
떻든 그런 평판을 얻어 왔는데, 그것은 정치적으로도 중요한 일이
다. 우리는 나라의 봉사자들이 더 유능하고 책임감 있고 공익에 충
실하고 정직하다고 생각했기 때문에 그들이 노동자보다 더 많이
버는 것은 당연하다고 생각했다. 만일 그들이 더 이상 그렇지 않다
면 그것은 프랑스를 위해 걱정스런 일이다. 따라서 복지 국가의 위
기는 정치적 국가의 위기와 결합된다. 시민들의 사회에서 시민들과
지도층간의 도덕적 결렬은 정치적 합법성에 금이 가게 만든다.

**당신은 엘리트들의 번식을 어떻게 분석하냐? 그리고 사회 계급을
어떻게 생각하냐?**

시민들의 사회는 기회의 균등을 이상으로 내세운다. 그러나 그
것이 결과의 균등을 의미하지는 않는다. 사회학자들은 기회의 균
등이 뿌리내리기를 희망하는 한 사회 안에서 벌어지는 사회적 번
식의 지나친 부분을 분명히 드러내고 있다. 하지만 이런 번식은 다
른 형태의 사회에서 더 강하게 나타난다는 것을 잊어서는 안 된다.
어찌됐든 기회의 균등이라는 이상을 선언하는 것은 현실적인 효과
를 낳는다. 그것은 정치가들에게 방향을 제시한다. 그것은 또 하나
의 상징적인 의미를 지닌다. 시민들에게 사회의 운명은 미리 정해
져 있지 않다는 느낌을 줄 필요가 있다. 프랑스에서는 국립행정학
교나 에콜폴리테크니크를 거치지 않은 사람은 출발할 때부터 기업
이나 관청 내에서 경력의 한계를 경험한다. 독일에서는 대기업가
들의 절반이 고등 교육 제도를 거치지 않았다. 그들은 기업 내에
서 그들의 역량을 발휘한다. 프랑스에서는 많은 사람들이 주로 학
업기에 그랑제콜에서 구성되는 카스트에 소속되어야만 출세할 수

있다는 느낌을 받는다. 다른 나라에서도 자수성가한 사람의 성공 가망성은 실질적으로 낮지만, 이런 성공이 가능하다는 생각은 상당히 현실적인 효과를 낳는다. 프랑스에서 하나의 카스트로 인식된 지도층 집단의 존재는 시민과 지도층간의 도덕적 결렬에 기여한다.

▌ 프랑스인들은 특별히 사회 계급을 두려워하는가?

근대 사회는 사회학자들의 연구와 미디어의 활약 덕에 자기 인식의 한 형태를 획득했다. 최근까지도 어쨌든 프랑스에서는 임금과 소득, 서로 다른 생활 방식의 이해에는 커다란 불투명이 존재하고 있었다. 나는 친구 쥐앙 레 팽에게서 이런 얘기를 들었다. 수억 프랑은 족히 나갈 법한 요트 앞에서 두 명의 퇴직 노인이 "오, 저 배는 20만 프랑(약 3천만 원)은 족히 나가겠구면" 했다는 것이다. 그들이 상상할 수 있는 최고의 호사가 20만 프랑이었던 것이다! 지금은 신문에 기업이나 매스미디어의 회장들의 임금이 발표되고, 아무 공 없이 방송국을 떠나는 '대기자'에게 주어진 보상이 발표되고, 베르나르 타피의 생활이 묘사되고, 제트 소사이어티(jet society; 제트기를 상용하는 부유층)가 언급되는 바람에 낯선 생활 방식이 만천하에 공개되었다. 어떤 면에서 국민 대다수의 생활 방식이 서로 비슷해지긴 했지만 그래도 엘리트들의 생활 방식과는 거리가 멀다. 그리고 지금은 사람들도 그것을 알고 있다. 이것은 시민들의 사회를 위해서는 하나의 시련이다.

▌ 도미니크 르쿠르는 최근 그의 저서 《경제학적 대안》에서 "사회 계급이라는 개념 자체에 관해 질문을 던질 필요가 있다"고 말했는데……

사회적 불평등이 있다는 말은 사실이다. 그것은 그만큼 마르크스주의적 의미에서 사회 계급이 중요하다는 말일까? 나는 도미니크 르쿠르가 사회학자들이 공유하는 철학에 대한 일종의 향수를 표현한 것이 아닌가 자문하고 있다. 영광의 30년대에 사회 계급의 모델은 노동 계급이었다. 그것은 특유의 생활 방식과 어떤 자의식을 특징으로 하는 계급이었다. 이미 그 시절에도 노동자와 지도 계급 또는 계층의 구성원들을 제외하고는 사회 계급이라는 개념은 경험론적 연구에서 있는 그대로 사용하기에는 어려운 감이 있었다. 왜냐하면 당시 사회학자들은 사회 계급의 부분들 또는 하위 부분들에 관해 말하고 있었기 때문이다. 하지만 상당히 분명하게 정의된 노동자 계급이라는 존재가 있었기 때문에 그들 중 대다수가 그 용어를 사용하는 것이 정당화될 수 있었다. 오늘날엔 사회적 현실이 더욱 유동적이 되었다. 그것이 심한 불평등이 없어졌음을 의미하지는 않는다. 하지만 그것을 파악하기가 더 어려워졌다. 기술의 급격한 변화로 인해 노동 계급의 일부는 이제 전문 기술자를 구성하여 중산층이라는 애매한 계층에 속하게 되었다. 게다가 우리는 프롤레타리아 해방자로서의 사명을 덜 믿게 됐다. 또 노동 계급의 다른 일부는 더 이상 생산에 참여하지 않고 어느 정도는 소외되어 있다. 우리는 애매한 지위들에서 온갖 종류의 분산을 목격할 수 있다. 나는 용어의 마르크스주의적 의미에서 분명하게 정의된 사회 계급과 비슷한 어떤 것이 오늘날에도 존재한다고는 생각지 않는다.

로베르 카스텔은 《사회 문제의 변형》에서, 노동이 불안정해진 사회에서 사회적 유대를 생산할 수 있는 능력을 노동에만 부여하는 것은 위험한 일이 되었다고 지적했다. 노동이 사회적 유대를 생산하는 것은 아주 좋은 일이다. 하지만 그러기를 멈추면 어떻게 되겠는가?

그 견해는 나의 분석과 유사한 점이 많다. 영광의 30년대 동안 복지 국가의 재분배에 의해 완성된 유급 노동은 당신이 말한 것처럼 '사회적 유대를 생산'했다. 오늘날 인구의 커다란 한 부분은 더 이상 영원한 임금 노동자라는 지위를 갖지 못하고 있고, 사회적 유대를 확립하거나 재확립할 수 있는 다른 방법들을 찾아야 한다. 하지만 그렇다고 우리가 노동하기를 그만둘 것도 아니고, 노동이 하나의 규범으로 남게 되지 않을 것도 아니다. 우리는 영광의 30년대에 정의된 것과 같은 '유급 고용'과는 다른 형태의 활동을 하게 될 것이다.

그러니까 당신은 로베르 카스텔이 주도하는 봉급 사회의 미래에 관한 견해에 찬성한단 말인가?

그렇다. 그는 여러 가지 차이를 고려한 어떤 입장을 취하고 있는데, 그것은 나의 입장이기도 하다. 노동은 하나의 규범으로 남지 않을 수 없다. 왜냐하면 우리는 노동과 생산을 중심으로 조직된 사회에 살기 때문이다. 하지만 세계 시장에서 경쟁적인 생산에의 참여가 발생시키는 것들만 생각지 말고, 다른 형태의 사회적 유대를 생각해야 한다. 기술의 혁명은 적은 수의 노동자로 많이 생산할 수 있게 해주었다. 그것은 우리로 하여금 더 이상 생산이라는 분야에 속하지 않는 많은 이들의 활동과 사회적 유용성을 경제적으로, 그리고 사회적으로 인정하는 방법을 생각해 보게 만드는 것 같다.

당신도 그처럼 '부정적인 개인주의'의 잠재적 대두를 두려워하고 있다. 복지 국가는 어떻게 이 새로운 분배에 적응할 수 있을까?

복지 국가는 "시장의 메커니즘은 정치적·사회적 상대물 없이는 혼자 전개되지 않는다"는 생각에 기반을 두고 있다. 따라서 우리의 생활 방식을 조건짓는 시장의 약동성과 효율성은 그대로 유지하되 생산이 원래의 역할, 즉 인간에게 봉사하는 도구가 되는 대신 자기 자신의 목적이 되는 것을 피해야 한다.

▌《배척, 지식의 상태》라는 책에 기고한 글에 당신은 이렇게 쓰고 있다. "개인의 절대적 주권을 기반으로 하는 사회에서 어떻게 사회적 유대를 유지하거나 회복시킬 수 있을까?" 당신 자신의 질문에 당신은 어떻게 대답하겠는가?

현대 사회의 특징은 정치적 합법성이 권리의 소유자인 개인으로서의 시민으로부터 발원하고 있다는 것이다. 이는 다시 말해 구체적인 개인이 모든 종류의 집단에 속해 있으며, 다른 이들과의 관계 속에서만 존재할 수 있다는 의미다. 구체적인 개인들간에 일상적으로 이루어지는 이러한 사회적 유대 없이 사회는 존재할 수 없다. 사회학의 계획 자체도 사회적 통합의 약화에 대한 염려로부터 탄생했다. "정치적 합법성의 원칙이 최고권을 가진 개인에 근거할 때 사회적 통합을 어떻게 회복할 것인가?" 하는 것이 그것이다. 배척에 관한 오늘날의 질문은 근대 사회의 초기부터 계속되어 온 질문이자 염려였던 것을 새로운 용어로 제시하고 있다.

오랫동안 그 대답은 이러했다. "우리는 모두 시민이고, 우리는 함께 노동한다." 그리고 그 대답은 비교적 잘 먹혔다. 그런데 오늘날 많은 유대 관계가 약화되었고, 체제는 와해되는 경향이 있다. 지나치게 많은 사람들이 직장을 갖지 못하고 있고, 그럴 희망마저도 없다. 공민 정신은 약해졌고, 지도자들에 대한 시민들의 신뢰는 몹시 흔들리고 있다. 그 결과 각각의 집단은 자신의 물질적 이익을 주장한다. 하지만 물질적 이익은 서로 모순되는 것이다. 다시 한 번 말하지만 한 사람이 가지면 다른 사람은 빼앗기는 것이다. 이런 모순의 관리는 정치로밖에 할 수 없다.

■ 사회학적 유대의 와해는 사회학의 문제라기보다는 철학적 문제가 아닌가?

둘 다이다. 사회학은 철학과 대립하지 않는다. 사회학은 사회적 인간, 그러니까 간단히 말해 인간을 집중적으로 생각한다. 사회적 인간을 고려하지 않는 철학적 질문도 없다. 하지만 사회학자가 철학자와 다른 것은 넓은 의미에서 볼 때 그의 분석의 근거를 조사에 둔다는 데 있다. 여기에는 여론 조사나 INSEE(국립통계경제연구소)의 작업 덕에 잘 알려진 통계 조사도 있지만, 인류학적 또는 역사적 유형의 조사도 있다.

■ 사회학적 조사는 어떻게 이루어지나?

모든 종류가 다 있다. 그것은 우리가 궁금해하는 것이 어떤 주제이냐에 달렸다. 모든 조사에 사용될 수 있는 미리 설정된 프로그램은 존재하지 않는다. 만일 사회적 집단간의 불평등의 증가 또는 감소가 궁금하다면, 국립연구소라는 큰 수단을 갖고 통계 조사를 준비해야 한다. 만일 실업이나 배척의 경험에 대한 생생한 의미를 알고 싶다면, 그보다 적은 수의 모집단을 대상으로 행해진 체계적인 관찰과 깊이 있는 대화를 통한 인류학적 형태의 조사가 더 유익할 것이다. 당연히 우리는 상이한 접근들을 결합할 수 있다. 각각의 접근들은 상이한 질문들에 대한 대답을 제시하며 상이한 이해 형태를 제공한다.

▌ 정치적 인간들은 흔히 하나의 단어로 성공한다. '사회적 골절'이라
는 표현을 어떻게 생각하나?

에두아르 발라뒤르와의 경쟁은 자크 시라크를 좌파에서 운동하
게 만들었다. 이 표현은 우리가 사회학 용어로 '인구의 증가 숫자
로 인해 증가하는 소외 과정'이라고 부를 만한 복잡한 변화를 가
리켰다. 이것은 선거 운동 구호가 될 수 없다! 따라서 이것은 '사
회적 골절'이 된다.

▌ 1993년 3월부터 우파가 프랑스를 지배하고 있다. 당신과 같은 여
성 시민은 이 기간으로부터 어떤 대차대조표를 끌어내겠는가?

그것은 사회학적 문제라기보다는 정치적인 문제다. 자크 시라크
는 지킬 수 없는 약속을 많이 했다.

▌ 당신은 실업-배척-시민권이라는 연동 장치를 중시하는데, 혹시 그
래서 내쫓긴 자들이 단체 생활에 참여하지 않는 것이 염려스러운
양상을 보인다고 생각지는 않는가?

저마다 시위에 의해, 또는 시위하겠다는 위협에 의해 단기적인
자신의 이익을 주장한다. 이런 실력 행사에서는 가장 강한 자들이
가장 약한 자들을 희생시켜서 승리를 거둔다. 행진하고 파업하는
것은 SDF(일정한 주거지가 없는 사람들)도 실업자들도 아니다. 시
위는 긍정적인 사회적 의미를 지닐 수 있다. 우리 모두 사회의 진
보에서 동맹 파업이 행한 역사적인 역할을 기억하고 있다. 하지만
그것들의 의미는 오늘날에도 변함이 없을까? 가장 없는 자들과
가장 약한 자들을 보호하는 것은 합법성과 정치 제도에 대한 존
중이다.

오늘날 '공화주의자들(républicains)'과 민주주의적 '공동체주의자들(communautariens)' 간의 분열이 강화되고 있다. 당신은 공화국 프랑스가 국민 국가(État-nation)의 형성과 결부되어 있으며, 사라질 운명에 놓여 있다고 생각하는가?

나는 이 관계에서 문제가 제기될 거라고 생각지 않는다. 역사적으로 볼 때 이런 국가의 틀 안에서 시민권이 탄생한 것은 분명 사실이다. 다시 말해 우리는 시민권이 비국가적 차원 또는 초국가적 차원에서, 유럽 차원에서 행사되는 것을 상상할 수 있다. 하지만 정치적 차원 없는 평화롭고 열렬하고 평등한 공동체로 형성된 사회를 조직한다는 일부 '공동체주의자'의 계획은 내 눈엔 위험하기까지 한 또 다른 형태의 유토피아로 보인다. '정치의 종말' 또는 '역사의 종말' 또는 '민주주의의 종말'은 '노동의 종말'과 마찬가지로 유토피아의 성질을 띠고 있다. 나 자신 비록 완전히 납득하고 있지는 못하지만, 국가라는 표현은 아마도 구시대적인 틀이 되어야 할 것이다. 하지만 국가적 차원이 되었든 전 유럽 차원이 되었든 정치적 의지가 행사될 장소는 필요하다. 집단들간의 자원의 양도가 결정되는 곳, 단체 생활에 필요한 구속이 작성되고 공인되는 곳, 가장 가진 것 없는 자들이 어느 정도의 보호를 보장받을 수 있는 곳, 자신을 변호하고 자신의 가치를 주장하려는 의지가 존재하는 곳…… 우리는 세상에서 혼자가 아닌 것이다. 민주주의는, 심지어 포스트모던한 민주주의조차도 정치 부재의 장소가 될 수는 없다.

당신이 보기에 "공화주의가 좋으냐, 민주주의가 좋으냐" 하는 것은 잘못된 질문인가?

역사적으로 '공화주의'라는 개념은 정치적 가치, 혁명의 가치, 시민의 평등·자유를 상기시킨다. '민주주의'는 공화주의의 원칙들을 전체 국민으로 확장하는 것과 관련이 있다. 그것은 좀더 '민중적인' 의미를 내포하고 있다. 우리 사회는 두 가지 전통에 의거하고 있는데, 그러면서 때로는 몇 가지 어려움을 겪는다. 이 두 가지는 서로 대립하지는 않지만 그렇다고 서로 섞이지도 않는다. 생산과 소비가 단체 생활의 중심이 되고 있는 현대 민주 사회는 공민적 가치들을 잊어버릴 염려가 있다. 선거 운동의 주요 주제는 시민의 자유·평등이나 공화주의의 가치가 아니라 실업이다. 나는 《시민들의 공동체》마지막장의 제목을 〈민주주의는 국가와 대립하는가?〉라고 붙였다. 우리는 단체 생활의 제약들을 정당화시키는 것이 공화주의적이고 민주주의적인 사회의 가치들이라는 것을 잊어버릴 수 있다.

유럽의 나아갈 방향을 존중하면서 프랑스의 공화주의를 강화하는 방법은?

유럽 각국의 문화적 특이성은 앞으로도 오랫동안 지속될 것이다. 유럽의 국가들은 수 세기 역사의 산물이다. 유럽의 국가들은 사라지지 않을 것이다. 그것은 가능하지도 바람직하지도 필요하지도 않은 일이다. 우리는 유럽 차원에서 하나의 정치적 실체를 구상할 수 있지만, 그렇다고 유럽의 시민들이 지금보다 서로 더 비슷해지기를 강요하지는 않을 것이다. 오늘날 그들은 무역의 자유 속에서도 그렇지 못하다. 유럽의 정치적 건설은 합당하고 바람직한 일이다. 하지만 프랑스인들은 이미 여러 국가의 정부들이 내리는 결정을 제대로 수용하지 못하고 있다. 피에르 맹데스 프랑스는 이렇게 말했다. "다스리는 것은 선택하는 것이다." 다스리는 것은 또한 이 사람에게서 빼앗아 저 사람에게 주는 것이기도 하지만, 그것이 양쪽 모두에게 불법으로 보이지는 않는다. 가장 가까운 그들의 지도자들의 결정조차도 인정하지 않는 프랑스인들이 어떻게 유럽의 하나의 정치적 실체에 관한 결정을 합법적인 것으로 받아들일 수 있을까? 프랑스 유권자들은 주요 선거에서는 많이 투표하고 선거 게임을 좋아한다. 하지만 통치자들을 뽑고 난 후에는 그들에게 만족하지 못한다. 그리고 통치자들이 어떤 결정을 내리면 그것을 잘 받아들이지 못한다. 결정들이 정기적으로 그리고 합법적으로 거행되는 국회 안에서 내려지지 못하고, 의식화되고 매스미디어로 중계되는 시위들의 결과로 내려지는 일이 점점 더 많이 발생하고 있다. 이것은 공화국의 이념을 거스르는 일이다. 물론 이 이념은 결국 현실에서는 항상 다소간 저버림을 당하는 하나의 이상일 뿐이었다. 하지만 이것은 어느 정도까지는 정치적 행동을 계획하는 하나의 공동 원칙을 제공했다. 오늘날 이 이념을 현실적으로 저버리는 일이 너무 심하거나 너무 눈에 띄는 것 같다. 민주 국가 안에서 시민은 권력에 대해 비판적이어야 한다. 그렇지만 만일 모든 집단이 그들의 직접적이고 개인적인 이익에 따라 통치자들이 내리는 결정들을 철저하게, 그리고 지속적으로 비판한다면 결국 공화국의 원칙을 재검토할 수밖에 없을 것이다.

사람들이 애덤 스미스의 경제학 저서는 기억하면서 도덕에 관한 저서는 잊어버리는 현상을 어떻게 설명하겠는가? 우리는 《국부론》은 찬양하면서 《도덕감정론》에는 관심을 보이지 않는다.

애덤 스미스는 정치사상가인 동시에 모럴리스트다. 우리가 그를 경제학자로만 기억한다면 그것은 우리 사회에서 경제 차원의 우월성이 중시되고, 인간의 학문들 가운데 경제학의 우월성이 중시되기 때문이다.

사회학자로서 이런 우월성에 화가 나는가?

사회학자들은 경제학자들의 관점을 고려하지 않을 수 없다. 그것을 무시하다가는 바보 같은 소리를 지껄이게 되고 터무니없는 분석과 무책임한 제안을 할 우려가 있다. 동시에 경제학자들의 불화를 보고 있으면 그들의 학문적 야심은 몇 가지 의심을 불러일으킨다. 오늘날 사회학자들은 '힘든 학문'을 하려는 야망이 전보다 덜하다. 나는 적어도 프랑스에서는 그들 중 다수가 사회학이 역사적 학문에 속한다는 생각을 이제는 받아들이고 있다고 본다. 이건 어쨌든 내 견해다. '호모에코노미쿠스'는 사회적 인간의 여러 차원 중 하나에 불과하며 유일한 것은 아니다. 사회학자들은 모든 차원에서 인간의 행동을 이해하려고 노력하는 반면, 경제학자들은 어떤 특정 행동들을 연구한다.

당신은 처음에 당신의 작업에 어떻게 접근하려고 구상했나?

나의 생각들은 1979년 노동부 장관의 요청에 따라 행해진 실업자들의 실제 체험에 관한 한 조사의 부분들이다. 나는 모든 사회학자들은 그들의 분석의 기반을 조사에 둔다고 말한 바 있다. 나는 얼마나 많은 실업자들이 탈사회화되고, 그들의 인간적 존엄성에 상처를 받았다고 느끼는지를 관찰했다. 그들이 겪은 시련은 노동의 규범의 함축성을 드러냈다. 조사 당시, 그러니까 1980년경 나는 근대 산업 사회의 탄생을 논하는 분석을 제안한 바 있었다. 교회의 가르침, 자유주의 사상, 사회주의자들의 움직임은 노동에도 똑같이 가치를 부여한다. 나는 요즘의 해석이 이보다 훨씬 더 오래 되고 기본적인 요인들을 고려해야 한다고 생각한다. 노동에 부여된 가치는 물건들을 만들면서 자연을 통제하고 과학적 지식의 결과들을 거기에 적용하려는 서구인들의 계획에 들어 있다. 우리는 이 계획을 프로메테우스적인 것이라고 부를 수 있다. 이것은 마르크스가 《1844년의 경제학-철학 초고》에서 말한 바와 같다. "인간은 물건들의 세상을 만들면서 현실적으로 하나의 '종(種)으로서의 존재'로 드러난다. 생산하는 것, 그것은 창조적인 종으로서의 인간의 삶이다……" 이것이 막스 베버가 궁금해한 서양의 특수성이라는 문제의 모든 것이다. 그리고 그밖에도 많다. 왜 산업 혁명은 오랫동안 과학적으로 더 앞섰던 지구상의 여러 지역들에서가 아니고 서양에서 탄생했을까? 노동에 부여된 가치는 서양 전통의 이런 특수성과 분리될 수 없다.

■ 당신은 배척되는 현상의 뿌리들이 서로 뒤엉켜 있다고 했는데, 그것은 기술과 정보 혁명에 대한 제레미 리프킨의 생각과 같은 것인가?

어떤 큰 부분에선 그렇다. 기술의 변화는 두 가지 의미에서 사회적 유동성의 커다란 원천들 중 하나다. 사회는 기술의 변화가 직업의 구조를 바꿀 때 재조직된다. 몇 년간의 경제적 발전은 상승하는 사회적 유동성을 촉진했고, 숙련공들의 일자리에 많은 이들을 '끌어들였다.' 학위·졸업장 없이 취직한 피고용인들은 사내 승진에 의해 인사 과장이 될 수 있었다. 이것은 오늘날에는 훨씬 더 어려워졌고, 특히 프랑스에서는 다시 출신 학교의 졸업증서에 큰 비중을 두고 있다. 물론 직장의 구조말고도 다른 많은 요소들이 사회의 변화에 영향을 끼치고 있다. 가문의 유산은 학위의 취득, 우리가 맺는 관계들, 우리가 어린 시절에 배운 수완과 예절에 관해서는 영향을 미친다. 하지만 일자리의 구조는 여전히 중요한 요소다.

당신은 사회 직능별 카테고리의 해체를 주장하는가?

오랫동안 사회학의 도구는 직업적 활동과 결부되어 있었다. 따라서 우리가 여러 해 동안 작업해 온 사회 직능별 카테고리(CSP)는 훌륭한 도구였다. 그런데 직위의 명칭이 끊임없이 바뀔 때, 개인들이 그들의 직업적 경력 수행중에 여러 직무를 행사할 때 우리의 카테고리들은 그 효과가 떨어지게 된다. 왜냐하면 현실 자체가 더 유동적이기 때문이다. 이론상 분석의 도구들은 정밀하다. 그것들은 분명히 정의되는 하나의 사회 상황을 그것의 유동성과 모호함에 의해 이해할 수 없게 만드는 기만적인 엄밀성을 부여할 우려가 있다. 여비서 · 여종업원 · 여자 상인은 전문 기술자가 된 여성 노동자보다 '위'에 있는가, '아래'에 있는가? 우리가 보기에 2차 산업과 3차 산업간의 분류는 더 이상 명백하지 않다. 사무실 안에서의 일이 공장 일보다 항상 더 숙련된 사람을 필요로 하는 것은 아니다. 같은 일을 가진 부부를 사회적으로 어떻게 분류할까? 남편 또는 아내의 직업 활동으로? 물론 일하지 않았거나 더 이상 일하지 않는 사람들, 애매하고 일시적인 지위에 있는 사람들은 말할 것도 없다. 우리의 카테고리는 산업 사회에서 생겨났다. 노동자 · 기술자 · 중간 관리자 · 최고 관리자 · 경영자들은 공장에서처럼 명백하게 계층화된 체제를 형성했다. 산업 사회 자체가 변모했기 때문에──산업 사회는 전보다 덜 계층화되어 조직되고, 사람들은 점점 더 형식적인 서열보다 개인들의 자발성을 우선시하려고 노력한다──다른 한편으로 그것이 점점 더 적은 수의 사람을 사용하기 때문에 그것은 우리로 하여금 우리의 카테고리를 재고하도록 만들었음에 틀림없다. 우리가 앞에서 언급한 사회 계급의 시대에 대해 사회학자들이 갖고 있는 향수 안에는 우리가 이해할 수 있었던, 비교적 안정된 한 사회에 대한 향수도 있다. 생산 인구가 전체 인구의 절반보다 적은 수를 나타낼 때, 사회 직능별 카테고리(CSP)의 후속타로 나온 사회 직능별 직업과 카테고리(PCS)는 사회의 구조와 불평등을 분석하기에는 불충분한 도구가 된다. 일자리에서 출발해 인구를 사회적으로 분류하는 것은 첫번째 단계를 구성한다. 그것은 필요한 일이지만 더 이상 충분하지는 않다. 넓은 의미에서 복지 국가의 개입으로 만들어지고 보장받는 모든 지위도 사회적 보호와의 관계에서 고려해야 한다.

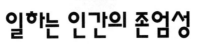

일하는 인간의 존엄성

▋나는 우리가 방금 제한한 바와 같은 노동에 대한 개념을 뛰어넘어
▋서 사회적 지위라는 개념에 대해 생각해 보았으면 한다. 그것은 당
신의 주된 관심사 중 하나이기도 하다. 가장 먼저 당신이 '사회적 지
위'라는 말로 의미하고자 하는 바를 밝혀 줄 수 있겠는가?

설명을 간단하게 하기 위해 우리가 사용하는 사회학 용어로 말
하겠다. 그 말의 의미는 한 개인에게 그 자신의 존엄성에 대한 자
각을 주고, 다른 이들로 하여금 그 존엄성을 존중하도록 만드는 것
이다. 같은 사회의 구성원들은 개인에게 많든 적든 존엄성을 부여
하는 것에 대해 대강은 의견이 일치한다. 그런데 퇴직, 그리고 특
히 실업이나 배척과 관련되어 실제로 겪은 체험들——이에 대해
수많은 사회학자들이 분석해 놓았다——은 존엄성——또는 사회
적 지위——이 직장에서의 관계와 얼마나 밀접한 관계에 있는지,
직장의 결여로 인해 존엄성이 얼마나 많이 재검토되는지를 보여
주고 있다. 우리는 제2차 세계대전 이후의 사회를 물려받았다. 그
것은 기간을 정하지 않은 노동 계약이 다수를 차지하는 동시에, 가
장 높은 지위를 보장해 주는 사회였다. 그것이 없는 개인들은 그로
부터 멀어질수록 더 낮은 지위를 가졌다.

▋하지만 모든 형태의 비고용은 같은 의미가 아닌가?

물론 그렇지 않다. 일자리로부터의 거리의 변화에 따라 사회적

지위의 진짜 서열이 존재한다. 이를테면 퇴직자들이나 조기 퇴직자들은 실업자들에 비해 높은 지위에 있고, 또 실업자들은 생활 보호 대상자들보다는 높은 지위에 있다. 실제로 퇴직자들의 경우, 직업 활동의 결여는 그들의 나이와 과거의 일자리에 의해 정당화된다. 그것들이 그들에게 '퇴직 후 그들의 권리를 행사하는 것'을 허락하여 행정 양식을 수정할 수 있도록 했기 때문이다. 그 결과 우리는 그들이 이른바 여가 생활——룰렛 게임이나 카드를 하는 것, 텔레비전을 보는 것, 그들이 원하는 취미 생활을 하거나, 또는 아무것도 하지 않는 것——태도를 취할 권한이 충분히 부여되었음을 실감하는 모습을 확인할 수 있다. 퇴직으로의 이행은 때로는 힘들지만 그렇다고 퇴직자의 존엄성이 문제시되지는 않는다. 직장을 '가지고 있어야' 하는 것으로 간주되는——우리가 언급한 노동 규범과의 관련하에——실업자의 경우 사정은 다르다. 그가 굴욕감을 느끼는 까닭도 거기에 있다. 그는 지루하다. 왜냐하면 시간이 파괴적이기 때문이다. 사실 그에게 시간 감각을 부여하는 것은 직업 활동의 수행이다. 실업자이기 때문에 일자리가 없는 것은 휴가중이거나 여가를 갖는 것과는 다르다. 실업자는 자신에게 휴가 활동을 취할 권리가 있다고 느끼지 않는다. 그는 퇴직자들처럼 룰렛 게임을 할 수 없다. 그는 일을 찾는 '착한 실업자'가 되어야 한다. 나아가 퇴직자가 된 실업자가 비록 그의 상황이 객관적으로는 이전과 똑같을지라도 안도하는 것처럼 보이는 까닭도 거기에 있다. 이것은 단순히 재정 문제만이 아니라(퇴직 연금은 대개 실업 수당보다 높다) 다른 문제다. 퇴직한다는 것, 그것은 무직장 상태를 정당화하는 보다 높은 지위를 갖는 것을 의미한다. 퇴직자는 노동을 했기 때문에 퇴직을 요구할 권리가 있다. 실업은 이런 느낌을 주지 않는다. 실업자가 느끼는 모욕감이 날로 증대하는 고독의 원인이 된다.

■ 당신은 일자리와 관련하여 지위를 네 가지 유형으로 구별하였다. 지위 없는 일자리, 일자리에서 유래한 지위, 연대감에서 생겨난 지위, 그리고 지위의 부재가 그것이다. 사회학적으로 볼 때, 당신이 보기엔 현재 어떤 유형의 지위가 가장 많이 눈에 띄는 것 같은가?

프리랜서 또는 한시적 일자리의 소지자들, 그러니까 내가 '지위 없는 일자리'라고 부른 것을 가진 사람들은 영구적 일자리의 소지자들보다 사적·공적으로 열등한 지위에 있다. 한편 실업자의 지위는 '일자리에서 파생된' 것이다. 왜냐하면 그는 일을 했기 때문에, 또는 일하기를 원했기 때문에, 또는 ANPE(Agence nationale pour l'emploi; 국립직업소개소)의 명단에 기재됐다는 사실이 이런 의지가 인정받았다는 것을 증명하기 때문에 실업자인 것이다. RMI[직업 세계로의 편입을 위한 최소한의 수입]의 수당 수령자의 경우처럼 '연대성에서 파생된 지위'의 경우엔 일자리와의 이런 관계가 없다. 이를테면 실업자와 RMI의 수당 수령자간의 지위의 서열은 사회학자들의 발명품이 아니다. 그것은 개인들에 의해 강렬하게 체험된다. 한번도 일해 본 적이 없는 젊은이들이나 RMI의 수당 수령자들에게 ANPE에 실업자로 등록되거나 연수할 수 있는 권리를 취득하는 일이 조촐한 지위를 인정받는 것을 의미하는 것은 두말할 나위 없지만, 누가 그들을 비록 소극적인 것이든 먼 것이든 직장 내의 관계 속에 자리잡게 할 것인가. 우리는 그들이 일할 수 있다는 것, 일자리를 찾고 있다는 것을 인정한다. 생활 보호 대상자라는 신분을 가졌다는 것은 가까운 미래에 한 직장에 종사할 수 없다는 것을 인정하는 것이다. 우리는 사람들이 생활 보호 대상자로 간주되지 않고 실업자로 인정받기 위해 싸우는 모습을 볼 수 있다.

나아가 우리는 "RMI 수령자로 추락하다(tomber au RMI)"라고 말한다. 이는 의미심장한 표현이다. RMI는 필요한 것이지만, 그것이 실패의 인정으로 인식되고 경험되지 않기도 어렵다.

자, 이제 당신의 질문에 대답하겠다. 경제 공황 이후 우리는 공직을 제외하고 영구직의 비율이 감소하고 그와 동시에 불안정하고 일시적인 일자리(한시적 계약들, CDD 또는 특별한 직장, 그리고 온갖 형태의 연수형 직장), 그리고 생활 보호 대상자들(현재 RMI의 수당 수령자의 수는 1백만 명에 이른다)의 비율이 증가하는 현상을 목격했다. 영구직의 비율은 줄어들었으며, '지위 없는 일자리'의 비율도 아마 그럴 것이다. 그것은 RMI가 모든 사람에게 인정받는 지위와 약간의 금전을 주기 위해 창설되었기 때문이다. 하지만 이론상 지위 없는 고용의 수는 헤아리기가 힘들다. 아무튼 공기업의 피고용자들이 경험하는 보호 장치——프랑스에서는 취업 인구의 24.5%(그리고 당연히 혹은 현실적으로 정부가 보장하는 지위를 갖는 직업들을 포함하면 더 많을 것이다)에 달하는 반면 영국은 19.6%, 독일은 16.2%(스웨덴은 30%)를 보이고 있다——와 사기업체의 임금 노동자들로 인해 증가한 불안정간의 간격은 전자에게 커다란 상대적 특권을 형성함에는 변함이 없다. 실업의 증가와 함께 보호받는 일자리의 상대적인 비율은 증가하고 있다는 사실을 덧붙여 말해야겠다. 프랑스 사회의 '새로운 불평등들' 가운데 하나가 거기에 있다. 만일 당신이 세대간의 불평등과 퇴직자들의 특혜를 덧붙여 말한다면, 당장 경쟁을 해야 하는 상황에 처한 사기업의 젊은이들이 현재 상황의 첫번째 희생자들에 속한다는 것을 알아야 한다. 하지만 자신들의 특권을 지키기 위해 시위를 한 것은 퇴직자들이다.

■ 제레미 리프킨은 미국에서 수백만의 지위 없는 자들이 미국 노동 부의 통계에 나타나지 않았다고 생각하는데……

이론상 사회적으로 소외된 사람들의 수를 세는 것은 어려운 일이다. 미국에서는 아마 더 어려울 것이다. 그것은 우선 미국은 연방 국가이기 때문이고, 그 다음은 사회 보호 정책이 거의 개발되어 있지 않기 때문이다. 프랑스에서는 통계학자들이 소외된 사람들의 숫자를 셀 수 있는 방법을 심사숙고한 결과 통계학 도구가 개선되었다. 사회 보장의 실시는 인구의 수를 세는 일도 용이하게 만들어 준다. 실업자로 인정을 받으려면, 그리고 RMI의 수당을 받거나 사회 부조를 받으려면 행정 서류를 작성해야 한다. 어떤 이들은 행정 서류를 작성하기를 거부하는데, 나는 그런 이들을 '지위 없는 자들'(나는 지금 SDF를 언급하는 것이다)이라고 부른다. 그들은 RMI의 수당을 받지는 않는다. 하지만 오늘날 우리는 그들의 숫자를 충분히 정확하게 계산할 수 있다. 소외된 이들의 문제는 그들을 헤아리는 데 있지 않다.

■ 이 새로운 불평등은 왜 그렇게 사람들에게 알려지지 않았는가?

우리가 들을 수 있는 건 지식인들의 목소리다. 그런데 프랑스의 많은 지식인들이 관리들이다. 국가적 영향력을 가진 모든 정치가들은 관리들이다. 노조들은 특히 공무원들이나 준공무원들을 대변한다. 그리고 그들에겐 나라를 마비시킬 힘이 있다. 그들은 실업자와 젊은이들을 보호하기 위해 그들이 해야 할 역할을 제대로 못하고 있다. 오직 CFDT(프랑스민주노동동맹)만이 이 방향으로 노력을 보이기 시작했다. 누가 감히 노조들의 행동을 문제삼을 수 있겠는가? 만일 이대로 나아간다면 우리는 곧 파시스트로 불리게 될 것이다.

■ 기업이 어려움에 처했을 때 **CDD**의 도움을 청하는 것에 어떤 위
선은 없나? 왜냐하면 그것이 비용이 덜 들기 때문이다.

사실 원래는 사람들에게 실업자로 있게 하느니 임시적으로나마
일자리를 마련해 줄 목적으로 생긴 것이 기업들에 의해 왜곡된 용
도로 쓰일 수가 있다. 이렇듯 방향은 바뀔 수 있다. 사기업에서는
임시 피고용인의 비율이 확정적 피고용인의 비율에 비해 증가했
다. 경제학 용어로 말하면 이런 것을 유연성이라고 한다. 하지만
이것을 두고 불안정이라고 말할 수도 있다. 이것은 우리가 경제적
관점에서 보느냐, 아니면 사회적 관점에서 보느냐에 따라 두 가지
다 해당된다. 나로 말하면 나는 불안정과 사회적 낭비의 위험에 더
민감한 편이다. 하지만 공직자들과 공권력(SNCF; 프랑스국유철도,
RATP; 파리교통공사 등)에 의해 보장되는 지위를 누리는 봉급 생
활자들에게 주어지는 보호 장치와, 사기업의 봉급 생활자들의 불안
정 사이의 비뚤어진 관계를 분석하기를 거부해서는 안 된다. 한쪽
에 대한 보호는 다른 쪽의 불안정에 의해 그 대가를 치르기 때문
이다.

■ 프랑스인들은 공공 사업에 대한 애착도 갖고 있지 않은가?

그런 것 같다. 우리는 우편 업무나 철도가 경쟁 논리를 채택하고
있다는 생각에 반대한다. 그것은 우리를 화나게 하는 생각이다. 우
리는 그것들이 가진 사회적 응집력의 역할에 더 민감하다. 가장 외
딴 마을들을 매일 들르는 집배원은 우리의 국가적 신화에 속한다.
아마도 이런 애착은 공화국에 대한 우리의 사고 방식과 공공 사

업이 평범한 국민들을 위해 오랫동안 수행해 온 사회적 지위 향상의 역할과 관련이 있는 것 같다. 하지만 EDF(프랑스전력공사)의 피고용자들이나 에르 앵테르 항공사의 조종사들의 지위와 공화국간의 관련성은 역사적인 것일지는 모르지만 분명 필연적인 것은 아니다!

▌ 1995년의 파업들은 교통 문제를 완전히 실패로 이끄는 계기를 제공하지 않았나?

이미 50년대에 알프레드 소비는 철도에 비해 도로에 유리하게 행해진 선택들을 고발했다. 그의 분석은 여전히 설득력이 있다. 하지만 파업들은 교통 문제를 '완전히 실패로 몰아가고' 지금 필요한 것으로 보이는 철도에 유리한 균형 회복으로 귀착되지 않았는가? 당장에는 정부와 관련 사회 단체들간의 개선 계획이 협상되고 있는 것 같지는 않다.

▌ 당신은 노동자들에 관해 말할 때 '총체적 실업'이라는 표현을 자주 쓰는데…….

'총체적 실업'이란 실업 상황의 숨김없는 진실을 의미한다. 실업자의 모욕, 일상의 권태, 때로는 절대 고독으로 귀착하는 사회적 교환의 둔화가 그것이다. 노동 규범의 내면화와 함축성을 반대 추론에 의해 폭로하는 것도 이 표현이다. 가장 보잘것 없는 국민들은 자주 이렇듯 총체적으로 실업의 시련을 겪고 있다. 재정적·사회적 능력면에서 가장 부유한 일부 주민들은 적어도 얼마 동안은 이런 형태의 실업에 빠지지 않는다.

일례로 최고 관리직에 있던 사람들은 그들의 체험의 의미를 뒤집으려고 노력한다. 그들은 자신들이 진짜로 실업 상태에 있지 않고 '두 개의 일자리 사이에' 있으며——이 말은 그들의 사고 방식과 생활 방식을 의미하기도 한다——이 기간이 그들에게 스스로에 대해 다시 한 번 생각해 보고 추가적 직업 훈련을 쌓고 연수를 받는 기회를 제공한다고 설명한다. 그들은 시련을 긍정적으로 변화시키기 위해 투쟁한다. 그들은 노동 시장에서의 관계의 변화에 따라 스스로를 규정한다. 그들은 '세상 안에' 머물기를 바라며 일찍 일어나고, 과거의 직업 활동의 리듬을 유지하고, 언젠가 직장을 찾게 될 거라는 가정하에 육체적으로나 지적으로나 좋은 컨디션을 지켜 나간다. 이는 모두 잠재적 고용자들의 기대에 부응하기 위해 실업자의 상황을 거부하는 전략이다. 그들은 그들이 활동적이고 '긍정적'으로 보일수록 일자리를 찾을 기회가 많다는 것을 알고 있다. 그들은 사회학자들의 말을 듣지 않아도 사회적 배척으로 끌려갈 수 있는 과정으로 들어가는 데 따르는 위험을 인식하고 있다. 이렇듯 '지연된' 실업은 2년 또는 3년까지도 갈 수 있지만, 곧 최고 관리직에 있던 사람들 중에도 '총체적 실업'을 경험하는 사람들의 수가 점점 더 늘어나고 있다.

'총체적 실업'은 노동자들에게만 영향을 끼치지 않나?

'총체적 실업'은 일정 기간 뒤에는 모든 실업자들에게 영향을 끼칠 것으로 우려된다. 내가 1979년부터 1980년까지 행한 조사를 보면, 우리가 앞에서 언급한 '지연된' 실업을 겪을 수 있는 관리직 외 1968년 이후의 반문화에 참여하고 있는 학위를 가진 젊은 실업자들은 인정받는 실업의 경험을 즐겁게 했다는 것을 알 수 있다. 실업 덕에 그들은 당장의 재정적 근심 없이 대학생 시절의 여가를 되찾거나, 그들의 예술적 또는 지적 '취미'에 몰두할 수 있었다. 그들은 당시의 '40시간'의 노동을 개인의 인간성을 박탈하는 것으로 비난하면서 그림을 그리거나 책을 쓰거나, 또는 그저 자연 속에서 거닐거나 역사적 기념물을 방문할 수 있어서 매우 행복하다고 선언했다. 그래서 나는 이를 '전도된' 실업이라고 말했다. 하지만 좀 더 최근에 이루어진 조사들에서는 이런 유형의 경험을 찾아볼 수 없다. 지금 '총체적 실업'은 점점 더 만연되고 있다. 오늘날 젊은 실업자들은 유급 직장과 결부된 의무를 더 이상 비난하지 않으며, 그러한 직장을 찾고 있다. 그들은 소비 사회와 그 사회의 의무——1968년의 반체제주의자들에게 주된 비난의 대상이 되던——에 대해 더 이상 적대적인 이야기를 하지 않는다.

물리넥스 같은 기업이 어느 날 갑자기 거기서 30년 가까이 근무해 오던 직원들을 해고해 수천 명이 거리로 나앉게 되었을 때, 당신은 그들이 좀더 분개해야 한다고 생각지 않는가?

해고된 봉급 생활자들은 강한 분개를 느끼고 있지만 계획된 집단 폭동은 전혀 없다. 개별적인 것들만 있을 뿐이다. 실업자들은 조직된 집단을 구성하지 않는다. 직장을 찾을 확률이 가장 높은 사람들은 우선 실업 상태를 벗어나려고 애쓴다. 그들은 실업자라는 상황에 동화되지 않는다. 따라서 그들은 싸울 이유가 없는 것이다. 실업자 수당은 어떤 사회적 역할을 수행하는데, 그것은 때로 중요한 것일 수 있다. 하지만 실업자 수당이 폭동을 일으키지는 않는다. 아무도 정치적 움직임을 구성하는 것을 원하지도 않았고, 그럴 능력도 없었다. 그들의 책임자들 중 일부가 계획하려던 공공연한 시위들은 직장을 잃는 위험을 감수하지 않은 공직자들로 인해 시위의 성공을 거두지 못했다. 그렇다고 실업자의 상황이 어렵고 고통스럽지 않다는 것은 아니다. 그와는 반대로 시위하는 자들은 절대 가장 불행한 자들이 아니다. 하지만 그것이 계획적인 폭동을 일으키지는 않는다. 실업자들은 대개 그 사실을 수치스럽게 생각하고, 각자 흩어진 존재로서 사회적 교환을 하지 않는다. 그들은 실업자라는 그들의 신분을 떠벌리지 않는다. 실업자들의 단체는 정부의 사회 활동에 참여한다. 그 단체들은 이런 관점에서 매우 효과적일 수 있다. 그들은 사회적 유대를 재창조하고 유익한 활동을 계획한다. 그곳은 자주 적극적인 사고의 장소가 된다. 그들은 실업자들의 일상 생활을 개선시키기 위해 공권력에 구체적인 제안들을 한다. 내가 그들의 역할을 과소 평가하는 것은 아니나, 그들은 사회 질서에 대항하는 폭동을 계획하려는 야심을 갖고 있지는 않다.

▌ 당신은 1995년 12월의 파업이 사기업에서 인기 있었다는 사실을 어떻게 설명하겠는가?

실업은 기업들 내부에서 모든 관계에 영향을 미친다. 이제는 더 이상 굳이 "만일 당신이 만족하지 못한다면 우리는 당신을 내쫓겠다. 많은 실업자들이 당신의 자리를 노리고 있다"고 말할 필요조차 없다. 모든 사람이 그것을 알고 있기 때문이다. 지속적인 긴장이 존재하며 사기업의 봉급 생활자들은 '감금된' 듯한 느낌을 갖고 있다. 그들은 공기업의 봉급 생활자들의 상대적인 특혜를 유지시키는 데 성공한 이 파업에 대해 적대적인 감정을 품었을 것이다. 하지만 그들은 경제학 용어로 이치를 따지지 않았다. 그들은 직장을 잃을 우려 없이 파업을 할 수 있다는 가능성을 가진 대중 속의 인간들과 자신을 동일시했다. 마치 그들이 유지한 특혜가 객관적으로 그들을 희생시켜서 얻은 결과가 아니라는 듯이. 이런 태도는 그들의 욕구 불만의 감정, 이용당한 듯한 느낌을 드러냈다. 동맹 파업자들에 대한 이런 동일화는 경제학 논리의 관점에서 볼 때

이성적인 것이 아니었다. 하지만 기업들 내부에서 실업에 대한 두려움이 야기한 긴장을 생각하면 우리는 그런 동일화를 이해할 수 있다. 프랑스인들은 순수하게 경제학적인 용어로 세상을 생각하기를 거부하며, 그보다는 정치적 또는 감정적 방법에 반응한다.

여성들은 실업을 어떻게 체험하나?

그것은 내게는 놀라움이었다. 조사를 실시하기 전까지만 해도 나는 "여성들은 가정에서의 역할을 되찾을 것이기 때문에 실업을 좀 더 잘 견디어 낼 것이다"고 추정했다. 그런데 실상은 그렇지 않았다. 오늘날 노동의 규범은 남성들만큼이나 여성들에 의해서도 내면화되었다. 여성 실업자들도 똑같은 유형의 경험을 하고 있었다. 심지어 그들이 가사에 실제로 더 많은 시간을 할애하고 있을 때조차 그들은 거기에 의미도 가치도 부여하지 않았다. 여성들은 자신이 진정으로 '일하고' 있다고 생각지 않았고, 그들의 표현을 빌리자면 '시간을 죽이는' 것으로 만족하고 있었다. 그것은 그들이 가사에 긍정적 의미를 부여하지 않기 때문이었다. 단지 몇몇 젊고 가사에 미숙한 여성들, 낮은 연령대의 아이 엄마들만이 거기서 몇 가지 이점을 발견하고 있었다. 하지만 사실 세 명의 아이를 키우는 데에 적어도 다수의 직장에서와 똑같은, 아니 그보다 더 많은 에너지와 노동과 지능이 소모된다.

여성들의 경험은 시사하는 바가 크다. 여성들은 한결같이 그들이 봉급을 받는 직장을 가졌을 때, 그들의 인간적 존엄성과 독립성이 온전히 인정받는 느낌이 들었다고 말하고 있다. 한편 자식들이 취업 생활을 시작하고, 그럼으로써 그들 자신이 그들의 독립성을 획득했고 존중받을 자격이 있다는 느낌을 부모와 함께 갖게 될 때 부모와 자식간의 관계도 달라진다. 이것은 우리의 사회 구조의 하나의 전제다. 우리는 생산 제일주의 사회에 살고 있는 것이다.

나는 당신의 노동에 대한 정의가 궁금하다.

이건 나의 정의가 아니라 우리 사회에 전해 내려오는 것이다. 우리는 그것이 유급이든 남의 예속을 받지 않는 것이든 상관없이 '노동'과 '일자리'를 동일시한다. 이것은 우리 사회와 우리 시대에 맞는 사회적 정의다. 하지만 우리가 고려해야 할 것이 있으니 그것은 우리가 사는 세상이다. 이런 관점에서 여성들의 경험은 시사하는 바가 크다. 과거 여성들은 땅과 공장의 일꾼이었다. 그들은 아이들을 양육하고 환자와 노인을 돌볼 책임을 지고 있었다. 제2차 세계대전 이후 임금 노동자의 신분으로의 대거 진입은 이런 활동의 직업화와 연관이 있다. 여성들은 직공·종업원·간호사·(사회 사업의) 여자 가정방문원·교사·의사 등이 되었다. 이는 달리 말해 복지 국가가 여성이 전통적으로 맡아오던 일과 일치하는 일자리를 만들어 냈다는 의미가 된다. 하지만 사회에 의해 인정받는, 다시 말해 임금을 받고 노동권이 동반하는 일체의 보증이 뒤따르는 일자리는 행동의 의미를 변화시킨다. 여성들은 자신의 아이를 탁아소에 맡기고 자신은 다른 탁아소의 직원이 되어 다른 이들의 아이들을 직업인으로서 돌본다. 국가가 준 면허장을 소지한 간호사가 되기 위해 양로원에서 노인들을 돌보는 것은 자신의 집에서 자신의 어머니를 보살피는 것과는 다른 의미를 지닌다. 우리는 그것을 유감으로 생각할 수 있지만——이것은 또한 도덕의 문제이기도 하다——사실인즉 '노동'은 '임금을 받는 일자리'와 동일시된다. 우리가 조금 전에 이야기한 지위의 서열도 이런 논리로 설명된다.

그렇다 해도 오늘날 복지 국가가 제공하는 일자리는 경제적 생산 활동, 혹은 정치적 권력에 직접적으로 기여하는 일자리들보다 덜 매력적인 것으로 간주된다. 이는 아마 그런 일자리들이 여성들에 의해 대거 점거당한 상태이기 때문일 것이다. 다시 한 번 말하지만, 이것은 남녀에 대한 개인적인 판단이 아니라 우리 사회에 대한 하나의 분석이다. 노동과 임금을 받는 일자리의 동일시는 여성의 독립성의 도구였다.

■ 당신은 여성의 노동, 특히 '서민' 계층의 노동에 많은 중요성을 부여하고 있다. 그것은 당신이 이 계층이 실업이 낳은 붕괴 현상에 의해 가장 먼저 타격을 받는 것을 목격했기 때문이다. 당신은 장차 여성들의 노동이 어떻게 될 거라고 보는가?

여성들 활동의 직업화는 제2차 세계대전 이후 커다란 사회 현상들 가운데 하나다. 그것은 시민의 평등이라는 원칙으로부터 유래한 남녀 평등 사상의 원천인 동시에 결과다. 그와 동시에 이 과정에는 한계도 역시 그대로 존재한다. 여성들은 용어의 넓은 의미에서 정부의 사회 보장이 제공하는 서비스 분야에서 노동자로서, 그리고 유급 노동자로서 대거 사용되어 왔다. 다른 나라는 몰라도 적어도 프랑스의 여성들은 당장에는 정치적·경제적 권력의 현장에 거의 끼어들지 못하고 있다. 비록 원래 그 자리에 있던 사람들이 여성들과 청년들에 대해 매우 완고하긴 하지만, 그래도 이런 현상은 아마 오래 가지 못할 것이다! 오늘날 실업은 여성들에게 가장 먼저 타격을 미치고 있다. 가장 어려운 사회적 상황이 여성들 가운데 발견된다. 좀더 높은 사회적·문화적 계층에서는 긍정적인 것으로 받아들여지고 있을 가족 제도의 약화는 서민 계층에서는 여성들의 상황을 약화시키고 있다. 제도는 약자를 보호하므로 결혼은 여성을 보호해 왔다——서민 계층의 여성들은 가족 생활의 탈법제화의 첫번째 희생자들이다. 소위 '편부모 가정'이라 불리는 가정들은 대부분(90%) 여성 혼자서 한 아이 또는 여러 명의 아이를 키우고 있다. 이혼이나 별거 이후 한 가정을 다시 꾸밀 수 있는 가능성은 여성보다는 남성에게 더 크다. 또한 서민층보다는 상류층에서 더 크다. RMI의 수당 수령자들 가운데 절반 이상이 혼자 산다. 경제 위기가 오래 지속될 때는 가족의 연대감이 보상 역할을 하며, 그것은 결정적인 것으로 드러날 수 있다.

▌당신은 실업 순간에 가정의 분열 가능성이 높다고 강조하던데…….

우리는 여러 부부들 가운데 한 부부를 놓고 그 부부의 실업과 별거의 가능성간의 통계적 연관성을 관찰하고 있다. 실업은 직접적으로 결별을 가져올 수도 있고, 또는 어떤 과정을 가속화시켜 직업으로 인한 사고를 낳을 수도 있고, 심지어는 그것을 재촉할 수도 있다. 두 가지 경우에 직장의 상실과 가정의 위기는 그 효과를 강화한다. 따라서 개인들은 어떤 악순환에 빠질 우려가 있다. 누군가 불행하면 불행할수록 그는 새 일자리를 구할 가능성이 적다. 누군가 새 일자리를 구할 희망이 적을수록 그는 더 불행하다. 가족의 금전적·도덕적 연대감의 부재는 중요한 핸디캡으로 나타날 수 있다.

▌배척에 대한 당신의 접근은 배척하는 것 빼고는 다 들어 있다. 당신은 사회적 시련이라는 개념을 무척 강조한다. 그런 관점에서 당

신은 "마약을 경험한 자들의 다수는 마약에 깊이 빠지지 않으며, 지나친 복용의 희생자로 끝나지도 않는다"고 말했다. 그리고 마찬가지로 배척된 모든 자들이 종신토록 배척되는 것도 아니고, 또 그렇게 선고 받은 것도 아니다. 통합과 배척에 대한 당신의 견해는 진로에 관한 생각에 근거하고 있다.

통합도 배척과 마찬가지로 과정들이다. 우리는 절대 결정적으로 '통합되지' 못한다──이것이 무엇을 의미할까? 더 이상 완전 고용을 체험하지 못하는 우리 임금 노동자들의 사회에서 이것은 사회의 미래의 허약함을 의미한다. 우리는 물질적인 안락함을 갖추고 중산층 동네에 살면서 상당히 유복한 삶을 누리는 기업의 간부들을 볼 수 있다. 그들은 일자리를 잃으면 1,2년 동안 '지연된' 실업에 대해 적극적이고 자발적인 방식으로 다른 일자리를 찾기 시작하지만 찾지 못한다. 만일 그들이 능동적인 가족의 연대 의식의 도움을 받지 못한다면 모든 것은 매우 빠르게 와해될 수 있다. 사회의 운명은 결정적으로 고정되지 않는다. 그것은 통합의 방향으로든 배척의 방향으로든 마찬가지다. 이 두 개의 용어는 능동적 의미에서 파악되어야 한다. 한 방향 또는 다른 방향으로 끊임없이 변화가 일어난다. 일부 소수 국민은 전혀 위태롭지 않다──그것은 커다란 특권이다. 하지만 사회의 운명은 대개 항상 한 방향, 또는 다른 방향으로 전환할 우려가 있다. 따라잡을 그물은 이제 거의 존재하지 않는다──가정이 중요한 역할을 하는 까닭이 거기에 있다. 명칭의 표현면에서는 매우 까다로우면서도 기술의 발달과 시장 조건에 적응해야 할 때, 유연성 있는 경제 제도는 우리가 난관을 뚫고 나아가려 하면 무슨 일이든 닥칠 수 있게 만든다.

▌ 당신은 로베르 카스텔이 사용하는 '(조직·동맹에서의) 탈퇴(dé-
▌ saffiliation)'라는 표현에 동의하는가?

나는 그보다는 사회학의 전통적인 표현인 분해(désintégration) /
통합(intégration), 또는 배척 과정(processus d'exclusion)이라는 표현
을 쓰겠다. 하지만 '탈퇴'라는 용어는 그림처럼 생생한 표현이라는
이점을 지니고 있다. 뒤르켐 이후 통합이라는 용어는 낡은 감이 있
다. 게다가 우리는 이 용어를 정치적 생활에서 남용했다. '탈퇴'는
좀더 많은 것을 연상시키는, 좀더 분명한 표현이다.

▌ 당신은 통합과 끼어들기(insertion)를 어떻게 구별하는가?

나는 어휘의 문제에 집착해야 한다고 생각지 않는다. 단어들은
그 자체로서는 아무 의미도 없다. 우리가 단어들을 사용할 때는 우
리가 거기에 부여하는 의미를 설명할 필요가 있다. 나는 '끼어들
기'보다는 '통합'을 선호한다. 통합은 사회학 사상이 담긴 하나의
위대한 표현이다. 하지만 그것이 유일한 이유는 아니다. 한 개의 돌
멩이가 '끼어들' 때 그것은 그 자신으로 남으며, 그의 환경과 관계
를 맺지 않는다. '통합'이라는 단어는 사회학적 전통 내에서 그것
의 한계를 뛰어넘어 상호 관계가 존재한다는 것을 상기하는 것이
좋을 듯 보인다. 그것은 사회 생활, 사람들간의 교환——설령 그것
이 대등하지 않더라도——을 이해하는 데 없어서는 안 될 개념을
전달한다. 그런데 다시 한 번 말하지만 공통 의미를 고려하는 한
단어들은 우리가 그것에 부여하는 의미를 지닌다. 그러므로 정의
를 내려야 한다. 정치 세계에서 사람들은 하나의 단어 또는 하나
의 문장으로 유명해질 수도 있다. 하지만 지적 세계에서는 그래서
는 안 될 것이다. 나는 "안 될 것이다"고 말했는데, 그 까닭은 오늘

날 정치 세계와 대중 매체의 영향으로 많은 글을 쓴 작가들이 그들의 작품들 가운데 하나의 제목에 의해, 또는 그 작품들에 관례적으로 부여된 하나의 표현에 의해서만 존재하기 때문이다.

▌ "노동이 없으면 통합도 없다." 당신은 이 표현을 가지고 이주민들의 문제를 분석하는 발판으로 삼았는데……

　이 주제에 관한 나의 연구의 기초가 되는 사상 중 하나인 '이민 문제'는 일반적으로 같은 표본 위에서 '사회 문제'라고 부를 수 있는 것으로부터 분리할 수 없다는 것이다. 이주민들의 존재는 사회 문제들을 심화시키고, 좀더 눈에 띄게 만들고, 정치화하긴 하지만 없는 것을 만들어 내지는 않는다. 우리는 시민권과 공동 작업을 통해 사회에 통합된다. 완전 고용이 계속된 만큼 이주민들은 다른 사람들처럼 노동에 의해 '통합'되었다. 게다가 우리는 그들이 산업 사회의 법칙을 용감무쌍하게 깨친 데 감탄해야 할 것이다. 그들 중 많은 수가 이슬람 국가의 시골에서 왔다는 것을 생각한다면. 그들은 노동했고, 그들의 노동이 그들의 아이들을 발전시켜 줄 거라는 희망을 품었고, 그 희망은 실질적으로 근거 있게 비쳤다. 그들은 그들의 자식들은 그들보다 운이 더 좋으리라는 희망을 갖고 고달픈 삶의 조건들을 견디어 냈다. 그들의 자식들 또는 그들의 손자들의 문제는 일자리를 찾지 못할 가능성이 높다는 것이다. 그들은 국적과 문화에 의해 프랑스 국민이 된다. 하지만 그들은 동일한 사회 계층에 속하는 다른 프랑스인들과 같은 이유로 실업자일 경우가 많다. 새로운 노동 기구는 이민자들의 손자들뿐 아니라 교양 수준이 낮은 주민들의 일자리를 더욱 어렵게 만들지 모른다. 19세기말 첫번째 공장 노동자 세대에서 이탈리아와 폴란드 이민자들은 직업 교육을 충분히 받지 못한 상태에서도 북쪽의 광산이나 로렌 지방의 철강 공장에서 일할 수 있었다. 하지만 지금은 사정이 다르다. 정보 과학 혁명이 야기한 직업 교육에 대한 새로운 요구는 프랑스인이든 최근에 들어온 이주민이든간에 다수의 주민이 경제 활동에 참여하는 것을 더욱 어렵게 만들 가능성이 있다.

흔히 이민자들은 그들의 존재 자체가 노동에 의해 정당화되기 때문에 다른 사람들보다 더 고통스럽게 실업을 겪는다. 그들은 먼 곳에서 살고, 일하기 위해 그들의 가깝고도 친숙한 세계를 떠나오는 수고를 했다. 그들은 프랑스에서보다 더 노동이 인간의 명예를 상징하는 것으로 여겨지는 전통 사회에서 왔기 때문에 스스로 무척 수치심을 느낀다. 그들 중 일부는 고립된다. 그리고 일부는 가족에 대한 무거운 부담감을 가진 채 프랑스 사회의 생활 방식과 가치관을 택한 자식들의 변화에 의해 가장으로서의 위엄이 흔들림을 느낀다. 하지만 그들이 실업자로서 겪는 경험은 다른 사람들의 그것과 근본적으로 다르지 않다. 이민 가정 출신의 프랑스 청년들로 말하면, 만일 그들에게 일이 없다면 그들은 노동이 아무 가치가 없다고 설명해야 할 의무감을 강하게 느낀다. 할 수 있는 한 최대한 자신의 존엄성을 회복해야 하는 것이다. 하지만 그들을 믿는다면 그건 실수를 저지르는 일이 될 것이다. 게다가 불법 노동의 가장 큰 부분은 외국인들이 아니라 프랑스인들에 의해 저질러지고 있다.

> 이민에 대한 당신의 견해는 시민권에 대한 견해로 이어진다.

나는 열린 시민권을 옹호한다. 나는 그것이 도덕적·정치적으로 필요하다고 생각한다. 하지만 그와 동시에 나는 일부 나의 동료들과 달리 이민온 지 5년만 지나면 원하는 모든 외국인들에게 자동적으로 주어지는 시민권에는 찬성하지 않는다. 민주주의 사회는 시민들의 설계를 바탕으로 세워지며, 그것은 경제적 참여로만 귀착되지 않는다. 자동적으로 시민권을 주는 행위가 내게는 경제 활동에 대한 사실상의 협조와 하나의 정치적 사회에 대한 참여간의 이러한 중요한 구별됨을 부정하는 것처럼 여겨진다. 단체 생활의 피할 수 없는 제약들을 정당화해 주는 것은 시민적 차원에 호소하는 것이다. 타기에프가 말한 것처럼 우리의 큰 문제는 사회를 다시 공화주의 체제로 만드는 것, 또는 달리 표현하면 시민의 유대를 재건하는 것이다. 우리는 이런 취지에서 정치적 결정들을 내려야 한다. 정치적 결정들에는 시민권이 문화적·정치적으로 프랑스인이 된 모든 사람들에게 열려 있어야 하며, 이 땅에 존재하는 모든 사람들(게다가 그들 중 다수는 시민권을 요구하지도 않는다)에게 무조건적으로 주어져서는 안 된다는 내용이 들어 있다. 그것은 사회를 비정치적으로 만드는 데 기여할 것이고, 난폭하고 위험한 외국인을 싫어하는 반사 행동을 유발하는 그릇된 결과를 가져올 것이다.

▋ 어떤 이들은 당신이 개인들을 서로에게 접근시키는 공동체의 유대를 충분히 고려하지 않는다고 비난한다. 당신은 그들에게 뭐라고 대답하겠는가?

공동체의 유대는 바람직하다. 그것은 개인들에게 이웃들과의 따뜻한 감정의 교환을 유지하는 방법을 제공하며, '위기'와 관련된 탈사회화의 위험을 보완하게 해준다. 이를테면 프랑스에 사는 포르투갈 사람들이 그런 경우다. 그들은 자신들이 포르투갈인이라는 강한 정체성을 간직하고 그들의 자식들에게 모국어를 확실하게 가르치며, 그들의 조국과의 유대를 계속 유지하는 방법을 모색하며 대단히 활동적인 문화적 또는 종교 단체들을 만들었다. 사람들은 당연히 그것을 누릴 수밖에 없다. 프랑스에 사는 포르투갈 청년들의 비행이 프랑스 청년들의 비행보다 적은 것은 우연이 아니다. 만일 이것이 우리가 공동체주의라고 부르는 것이라면, 이것은 아무 문제도 일으키지 않을 뿐 아니라 바람직하기까지 하다. 이런 유대가 집단의 영속성을 보장하는 시민의 유대와 모순되는 것으로 여겨질 때에만 그것이 우리의 가치와 양립할 수 없는 가치들, 이를테면 남녀간의 지위의 불평등 같은 것을 고수하는 문화를 보존할 때에만 정치적 문제는 제기된다. 만일 공동체의 유대가 강제 결혼이나 소녀들의 음핵 절제로 이어진다면 그것은 비난받아 마땅하다. 만일 그것이 공화국의 법을 준수하는 것을 방해한다면 그때는 진짜 정치 문제를 제기할 것이다. 법적 · 정치적인 면에서 공동체들을 인정하는 것은 사회의 가장자리에 있는 주민들을 희생시켜 가며 사회의 분산에 기여할지도 모른다. 하지만 프랑스의 '공동체주의' 혹은 '여러 문화의 공존'의 지지자도 그것을 요구하는 것 같지 않다. 목표 자체——주민들의 통합——를 지향하지 않고, 대신 거기에 도달하기 위해 최고의 전략들을 집중적으로 다루는 토론들이 벌어지고 있다.

당신은 각기 다른 유럽 국가들의 수준에 따라 노동에 대한 사고 방식에 현저한 차이가 있다고 생각하는가?

기술적 제약들이 똑같다고 해서 기업의 구성 형태가 모두 동일해지는 것은 아니다. 80년대에 행해진 조사들을 보면 프랑스 공장들은 같은 분야의 독일 공장들보다 관리 직원과 사무직은 더 많고 노동자는 더 적었다. 관계의 양상도 달랐고, 커뮤니케이션 망은 프랑스 공장에서 더 위계질서적 또는 '수직적'이었고, 독일 공장에서 더 민주적 또는 '수평적'이었다. 유러 터널의 건설자들은 프랑스팀과 영국팀이 서로 협력하여 일하게 만드는 데 많은 곤란을 겪었다. 좀더 최근에 필리프 디리바른은 미국 · 네덜란드 · 프랑스 등 각 나라의 사회적 관계가 각기 다른 형태를 띤다는 사실을 강조했다. 미국 기업에서 관계는 계약에 의한 형태다. 네덜란드 기업 사람들은 조정 · 소송을 거듭하면서 집단 합의를 모색한다. 프랑스 기업에서 간부와 종업원, 서로 다른 등급의 봉급 생활자들간의 관계는 존중의 논리라고 부르는 것에 따른다. 민주주의의 중산층 사회는 사고 방식 또는 참조 방식, 그리고 그것을 선행하는 사회의 가치관을 완전히 제거하지는 못했다. 학교 시절부터 경쟁 심리로 옮겨간 상류 계급의 유산은 개인들간의 관계 양상을 계속 나타낸다. 프랑스인들은 그들의 능력, 그들의 문화적 수준보다 못한 일자리에 종사하는 것을 이웃 나라의 실업자들보다 더 힘들게 받아들인다. 그런데 아시아나 미국에 비추어 유럽은 매우 근접한 나라들로 형성되어 있다. 나라의 크기도 중요하지만 그것이 유럽 국가들간의 협동을 방해하지는 않는다. 유럽의 다양성을 긍정적인 관계로 생각해야 한다. 동일한 세상보다 더 지루한 것은 아무것도 없을 것이다.

어떤 조사를 보니 프랑스인들은 (명예의) 실추보다 실업을 선호한다고 한다. 이것을 어떻게 설명할 수 있을까?

그것이 바로 명예의 의미의 내면화다. 이것이 미국이나 북유럽의 민주주의 사회들과 다른 점이다. 그곳에서는 좀더 적은 돈을 위해 일하는 것을 더 쉽게 받아들이며, 일시적인 명예의 실추로 자신의 이미지가 심하게 흔들리지도 않는다. 미국인들과 네덜란드인들은 그들의 직장에서 좀더 도구적인 관계를 채택한다. 그것은 무엇보다도 봉급을 받는 것이다. 네덜란드인들은 아르바이트 일자리도 프랑스인들보다 더 쉽게 받아들인다. 프랑스의 일부 실업자들은 명예가 실추되느니 차라리 일자리 없이 그냥 있는 편을 선호한다. 다른 이유도 많겠지만 그렇기 때문에 미국과 영국의 실업률이 다른 것이다. 만일 당신이 과거에 고위 간부직을 지낸 사람에게 SMIC (Salaire Minimum Interprofessionnel de Croissance; 업종간 일률 슬라이드제 최저 임금)와 같은 봉급을 받고 사무실에서 허드렛일을 하는 사환으로 취직하라는 제안을 한다면 그는 실업자로 남는 편을 택할 것이다. 미국인들은 일단 들어간 다음에 그의 자격 수준과 맞는 일자리를 찾을 기회가 있을 거라는 희망을 갖고 초라한 일자리라도 더 쉽게 받아들인다. 이것은 서열이 매우 뚜렷한 프랑스의 체제와도 관련이 있다. 한번 어떤 회사에 들어가 SMIC에 해당하는 임금을 받으면 승진할 기회가 거의 없는 것이다.

서열이 뚜렷한 이 체제는 귀족 정치에 그 기원을 두고 있다.

어떤 사회든 결코 전적으로 '귀족적'이거나 전적으로 '근대적'이거나 혹은 전적으로 '전통적'이지는 않은 법이다. 이런 사고 방식은 추상적이다. 사회는 온갖 요소들을 뒤섞는다. 그리고 프랑스 혁명으로 탄생한, 그리고 토크빌이 숙고한 민주적 시민 사회는 그럼에도 불구하고 몇 가지 이전 사회의 기준과 가치관들을 버리지는 않았다. 혁명이 과거의 관습과 가치관을 완전히 파괴하는 것은 아니다. 다른 나라들보다 더 혁명적이었던 프랑스 국민들 역시 귀족 사회로부터 물려받은 명예에 대한 의식을 이웃 나라들보다 더 많이 간직해 왔던 것으로 보인다. 프랑스 사회에서는 노동이 지배적인 기준이기 때문에 우리는 우리의 일자리의 수준과 질에 의해 우리의 신분과 가치를 표현한다. 지난날 장사를 시작하는 귀족들이 그랬듯이, 우리가 평가하는 우리의 능력에 어울리는 일자리에 종사하지 못하는 것은 체면이 깎이는 일이 되는 모양이다.

▌그런 점이 프랑스인이 영국인이나 독일인들과 다른 점이다!

프랑스의 특징은 아마도 사회적 지위의 차이와 평등에 대한 열망이 섞여 있다는 점일 것이다. 영국과 독일에서 소위 '중요한' 사람들은 프랑스 사람들보다 훨씬 더 단순하고 솔직하다. 프랑스의 지도층, 그리고 심지어 지식인들조차 그들의 중요성에 대해 어떤 고상한 관념을 갖고 있는 듯하다. 그들은 이를테면 영국의 책임자들의 귀족적 단순함을 모른다——이것이 대영제국에서 심한 사회적 불평등의 존재를 막지는 못한다! 그와 동시에 프랑스인은 추상적인 평등에 대한 열정도 갖고 있다. 모든 유럽 국가들은 많든 어느 정도는 탐지될 수 있는 귀족 정치의 유산과 정치적 사회의 야심, 혹은 민주주의의 힘을 결합시키는 각기 다른 방법을 갖고 있다.

▌당신은 유급 노동은 하나의 제약으로 받아들여진다고 말하는 대신, 오히려 유급 노동은 개인의 총체적인 안정에 필요한 하나의 조건이라는 말에 찬성하고 있다.

나는 그 말이 맞다는 것을 실감한다. 그러한 사실은 등한시되어서는 안 된다. 많은 일자리가 별다른 재미없이 반복되는 것처럼 보이지만 그래도 그들은 변함없이 그 일에 종사한다. 우리는 그들이 틀렸다고 말할 자격이 없다. 공장 문이 닫힐 때마다 그 공장에 다니는 가난한 사람들은 명백한 금전적 이유 때문에도 놀라지만,

또한 그들이 연결되어 있던 자기 주장, 독립, 사회적 교류의 장을 잃어버린 것 때문에도 놀란다. 그러한 현상은 가장 위험하고 육체적으로도 가장 힘든 일 가운데 많은 일자리가 기술의 변화에 의해 변경됐기 때문에 더 심하다.

▌그러니까 당신은 "노동은 인간이 평생 아무것도 안하기 위해 발견
▌한 최고의 것이다"는 라울 바네강의 정의와는 거리가 먼가 보다.

그것은 고전적 철학의 개념을 연장시키는 지적인 사고지만 약간은 자기 민족 중심주의적이다. 이 말은 수공업, 그리고 나아가 생산을 중심으로 구성되어 있는 우리 사회 형태에 대한 적잖은 무시를 나타낸다. 노동자들은 그 용어의 실질적인 의미에서 점점 노동자답지 않아지고 있기는 하지만, 그래도 그들이 뭔가를 하고 있다는 느낌을 갖는다. 손으로 하는 노동에는 존엄성이 있다. 우리는 우리의 지적인 기준이라는 이름으로 존엄성을 떨어뜨리는 것으로 판단할 우려가 있는 직업들에 관해 판단할 때 신중해야 한다.

▌기업과 거기서 발생하는 노동은 전적으로 경제의 법칙을 따르는
▌것으로는 생각되지 않는다. 그리고 기업의 문화는 회계법으로 귀착
될 수 없는 것도 사실인데……

기업은 경제학적 기관만은 아니다. 그건 사실이다. 기업은 합리적인 계획에 의해 인간과 기계를 모으고 통합하는 장소로서 사회의 하나의 중심을 구성한다. 기업은 사회화가 이루어지는 여러 장소들 가운데 하나로, 생산 제일주의의 사회에서 가정과 학교와 마찬가지로 중요하다. 이것이 실업자들의 문제다. 그들은 경제적 지위 이외에 사회적 교류도 상실한다. 그리고 그들은 일터에서 자신의 신분을 통해 표현되는 존엄성도 빼앗기게 된다.

▌당신은 직장에서의 인간의 존엄성을 주장하고 있지만 '시민의 기
▌업'에 대해서는 오히려 불신하는 것처럼 보이는데……

그런 표현은 유추의 의미밖에 지니지 못한다. 기업은 '시민적'
——이런 형용사가 존재한다고 가정하고——이지 않으며, 기업의
존재 이유는 부의 생산과 이윤이다. 기업의 역할은 실업자를 고용
하는 것이 아니라 하나의 경제적 계획을 운영하는 것이다.

다시 말해 우리는 시민의 사회에서 살고 있으며, 그곳에서는 기
업이 기본적인 사회 기관 노릇을 하고 있다. 기업은 그의 종업원
들과 손님들을 시민으로 대접해야 한다. 기업은 공화국의 법을 존
중해야 한다. 기업은 그가 영향을 끼치는 사회의 상황을 고려해야
한다. 하지만 기업의 첫번째 역할은 가능한 한 가장 효과적으로 생
산하는 것이다. 표현은 유사하다——혹은 광고와 흡사하다. '시민'
과 '시민권'은 모든 것, 아무데나 두루 쓰인다. 우리는 현실이 좀더
애매해진 만큼 이 표현도 더 널리 퍼진 것이 아닌가 의아해하고
있다.

▌오늘날 우리는 자동화는 상당히 발전했고 일자리는 감소하고 실업
▌은 증가하고 있음을 목격할 수 있다. 미국에서는 생산 활동에 참가
하는 엘리트들과 '아웃'된 사회의 한 부분의 사람들간의 분리가 뚜렷
해지는 현상이 명백히 나타난다. 당신은 이 제3의 기술 혁명에 대해
어떤 정치적 답변을 갖고 있는가?

그것이 진짜 문제다. '노동은 사라질 것이다' 또는 '사라져야 한
다'는 생각은 틀렸고, 실현 불가능하다. 반대로 참된 것은 우리가
새로운 기술 혁명을 맞고 있다는 것이다. 기계 혁명과 전기 혁명
이후 우리는 정보 혁명을 경험하고 있다. 다시 한 번 더 적은 자산
으로 더 많이 생산할 수 있게 됐다. 이전의 기술 혁명들이 일어났

을 당시 우리는 그때마다 인구의 일부를 노동으로부터 '해방'시켰다. 다시 말해 실업자로 만들었다. 우리는 이미 '노동의 종말'을 슬퍼하고 있었다! 공장의 일꾼들은 그들을 대체한 기계를 부쉈다. 하지만 한 세대 뒤에 사람들은 새로운 일자리를 다시 만들어 냈다. 새로운 균형은 전보다 적은 시간 동안 일하게 만들었고, 새로운 일자리들은 새로운 기계들 덕에 육체적으로 덜 힘들게 됐다. 그렇게 해서 우리는 제2차 세계대전 이후의 몇 년 동안 제3차 산업의 일자리들의 수를 증가시킬 수 있었고, 농업과 공업에서 필요로 하는 일자리가 줄어듦에 따라 사람들은 생산을 관리하고 계획할 수 있게 되었다. 사람들이 농촌에 기계를 들여왔을 때 많은 농부들이 도시로 쫓겨났다. 농촌 인구의 도시로의 대거 이동은 전통적인 농업 세계가 사라지는 것을 본 한 세대의 고통으로 나타났다. 그 중 일부는 현대적인 농업 경영자, 굉장히 조직적이고 효율적인 기업의 대표로 전업했다. 다른 사람들은 도시에서 공장의 노동자들이 되었다. 하지만 그들의 자식들은 지금 기술자·회사원 또는 교수들이 되었다. 그들의 손자들은 고등 교육을 받을 것이다. 어쩌면 국립행정학교에 들어갈지도 모른다. 공화국의 대통령 중에는 농부의 손자인 사람이 있다. 조르주 퐁피두가 그다. 문제는 정보 과학 혁명의 본질이 다른 혁명과 다른지를 아는 것이다. 이전의 기술 혁명들의 골격이 비슷하게나마 다시 나타날까? 그럴 경우 우리는 '조정' 기간에 들어갈 것이다. 우리는 제2차 세계대전 후에 그들의 땅에서 쫓겨난 농부들처럼 공장, 심지어 사무실에서도 쫓겨난 세대의 고통을 목격하게 될 것이다. 하지만 한 세대 후에 우리는 새로운 균형을 회복할 것이다. 우리는 전보다 덜 고된 과업을 전보다 적게 하게 될 것이다. 왜냐하면 기계들이 인간의 일을 지금보다 더 잘 도울 것이기 때문이다. 우리는 기계가 우체국 직원들에게는 까다로운 경우들을 지혜롭게 해결하는 일만 남기고, 우편물을 손으로 분류하는 일은 그것들이 한다고 해서 그 일을 그리워하지는 않을 것이다. 아마도 이 조정은 복구하기 더 어려워질 것이다. 왜냐하면 정보처리 기계는 인간의 육체적 수고뿐 아니라 그들의 지능까지 대체하기 때문이다. 그렇지만 우리는 발전의 대체적인 방향은 과거의 발전을 연장하는 것이라고 생각할 수 있는데, 그것은 다시 한 번 더 적은 노동자로 더 많이 생산할 수 있게 될 것이기 때문이다. 하지만 장기적인 관점에서 볼 때 이번 '해방'은 우리 세대의 실업으로 표현되고 있다. 직장으로부터 '해방된' ——다시 말해 실업자가 된——사람들은 어떤 면에서 볼 때 희생된 세대를 구성한다. 새로운 균형을 회복하기 전에 가장 심각한 결과들을 제거하는 것이 정치의 몫이다. 더군다나 그 새로운 균형은 일시적일 것이기 때문이다.

기계 덕에 우리는 전보다 더 적은 수의 인원으로 농업 생산을 보장하고, 전보다 더 적은 수의 인원으로 공업 생산을 보장할 수 있게 되었다. 3차 산업에서 생산을 관리하고 계획하는 데에도 전보다 더 적은 수의 인원이 필요하다. 하지만 그렇다고 우리에게 더 이상 한 사람도 필요하지 않은 것은 아니다. 정보 과학의 영향을 전혀 받지 않는 공동 생활의 한 분야가 있다. 그것은 우리가 포괄적 의미로 사회 보장이라고 부르는 것의 총체다. 즉 육체적·정신적·지적으로 아이들·청소년들·노인들·병자들·장애인들, 그리고 심지어 생산 활동에 참가하고 있는 성인들을 돌보는 것, 가르치고 보살피고 즐겁게 해주는 것이 그것이다. 그들, 사람들의 요구는 무한하다. 따라서 이른바 '일자리의 광맥'도 무한하다. 미국에서 일자리의 수는 급상승중이며, 가장 급상승하는 분야들 가운데 하나가 '엔터테인먼트'다! 교사 한 사람이 가르칠 아이들의 수가

열 명밖에 안 될 때, 그것은 모두에게 좋은 일이 될 것이다. 문제는 그렇게 될 수 있는 방법을 찾는 것이다. 경쟁적인 분야의 생산이 효율적이고 경쟁을 견디어 낼 수 있다면, 우리는 교육·사회 보장·문화 분야에서 무한정 필요로 하는 그 일자리들을 재정적으로 뒷받침할 수 있을 것이다.

공유해야 할 새로운 가치들

▌복지 국가의 위기, 노동의 위기에 직면하여 사람들은 서로간에 연
▌대 책임을 지는 경제와 '새로운 방식'의 사회 계약을 재수립하는
것에 대해 많이 말하고 있다. 당신은 이런 희망들이 복지 국가의 위기
에 대응하기에 충분하다고 생각하는가?

영광의 30년대라는 과거의 신화에 빠져서는 안 될 것이다. 그 기
간 동안 임금 제도는 확산되었지만 다수의 임금 노동자들에게는
적은 소득이 돌아갔고, 그들의 생존 여건은 오늘날 우리가 보기에
상당히 낮은 것으로 보인다. 하지만 완전 고용이 실현된 건 사실
이다. 일자리가 없는 사람들은 그에 대해 나이·건강 상태 같은
'충분한 사정'이 있었다. 따라서 그들은 '추방된' 느낌을 갖지 않
았다. 이것이 통합의 강력한 요인이었다.

한편 개인들은 그들의 아이들이 그들보다 운이 좋을 거라는 느
낌을 갖고 있었다. 그들은 상승가도에 있었다. 이런 안정이 기술의
혁명에 의해 전복된 것이다. 공공의 일자리를 제외하고 확실한 직
장을 갖고 경력이라는 용어를 생각할 수 있는 사람들의 수는 줄어
들었다. 우리 사회는 노동 중심, 노동을 하는 개인의 자율성 등을
중심으로 조직된 이상 우리는 새로운 사회 안정을 재건할 수 있는
방법을 고통스럽게 모색하고 있다.

▌제레미 리프킨의 저서의 핵심은 다음과 같은 가정을 근거로 한다.
▌우리는 상업 사회의 최후를 목격하고 있다. 그리고 우리는 이 사회

를 넘어선 하나의 사회를 생각하고 제3차 산업을 발전시켜야 한다. 그런데 그것은 그의 말에 따르면 사회의 자본에 근거한다고 한다. 당신은 '상업 사회의 종말'이라는 진단에 대해 어떻게 생각하는가?

나는 '사회적 자본'이란 말의 의미를 잘 모르겠다. 그리고 그 말과 함께 사용하는 '연대성 있는 경제'란 말도 마찬가지다. 나는 차라리 대인 서비스 분야의 발전에 대해 말하는 편을 택하겠다. 리프킨이 '상업 사회의 종말'이라고 말할 때 그는 자신이 고발한 것의 포로가 된 것처럼 보인다. 그는 노동을 세계 시장의 생산 분야에서의 유급 일자리와 혼동하고 있다. 그런 일자리의 수는 정보 과학의 혁명으로 인해 감소되고 있다.

하지만 경쟁적 생산에서도 대인 서비스 분야에서도 '상업 사회의 종말'이나 '노동의 종말'을 예고하는 것은 아무것도 없다. 부득이한 경우 우리는 노동의 조직이 어떤 한 순간 끝날 수 있다고는 말할 수 있을 것이다. 근대 경제가 한번도 안정적이었던 적이 없었다는 것을 '망각'한 것은 이상한 일이다. 우리가 시장과의 관련하에 생산을 재편성한 것은 이번이 처음이 아니며, 구조 파괴 또는 구조 조정은 계속되고 있다. 대인 서비스 분야는 무한한 발전이 가능하다.

당신의 생각은 '사회 보장 자본'과 사회의 경제 발전에 관한 리프킨의 생각과 일치하는가?

부분적으로는 그럴지도 모른다. 하지만 리프킨은 그가 내린 정의가 무엇이건간에 경제의 존재 자체가 경쟁적 경제에 의해 좌우된다는 것을 '망각'하고 있는 듯하다. 그의 말에 따르면 그 두 가지는 서로 대립하고 있는 듯이 보이는데 그것은 우스꽝스러운 일이다. 사람들을 보살피는 행위를 발전시킬 수 있는 가능성은 물건의 생산에 의해 결정된다.

███ 사람들을 보살피는 행위가 물건의 생산에 달려 있다는 말을 좀더
███ 분명하게 설명해 줄 수 있겠나?

교직자로서 내가 받는 임금은 부분적으로는 프랑스의 철강 공업
이나, 르노와 PSA 푸조 시트로앵에서 생산된 자동차들이 세계 시
장에서 경쟁력이 있다는 사실에 의해 보장된다.

███ 내가 리프킨에게 사회 보장 자본의 출자에 관해 물었을 때, 그는 팩
███ 스·컴퓨터·전화 같은 기술적 재산에 대한 세금을 제안했다.

안 될 것도 없다. 그것은 경쟁 분야의 이익을 사회 보장 분야로
전환하는 하나의 방법이다. 그것은 내가 지적하고자 했던 것을 말
하기 위한 좀더 분명하고 경제학적인 방법이다. 판매를 위한 생산
분야는 세계 지도 위에서 경쟁력이 있어야 한다. 사회 보장 조직
의 하나의 방향이 마련될 것이다. 왜냐하면 그것이 집단 생활의 다
른 분야들의 발전을 좌우하기 때문이다.

███ 당신은 사회적 경제라는 개념에 정확히 어떤 내용을 부여하는가?

지난 2세기 동안 직접적인 생산자가 아닌 취업 인구의 비율은
끊임없이 증가해 왔다. 우리는 직접 물질을 다루기보다는 오히려
관리——제3차 산업——에 의해 생산에 참여하는 사람들의 수를
증가시킬 수 있었다. 우리는 또한 사회 복지·교육·문화·치료 분
야를 발전시킬 수 있었다. 그것은 전에는 결코 이룰 수 없었던 일
이다. 우리는 기술의 발달 덕에 이 일을 지속해 갈 것이다. 하지만
나는 이것이 리프킨이 제안하는 사회적 경제의 정의라고는 생각

지 않는다. 그럼에도 불구하고 내게는 그것이 의미를 지니는 유일한 개념인 것처럼 여겨진다. '사회적' 경제 또는 '연대 책임을 지는' 경제는 이익을 남기지 못하는 기업들을 만들어 내는 일을 맡을 수 없다——단 그것이 순수한 연대성을 목적으로 사회 보장 노동을 하기 위해 모든 경제 논리에 끼이지 못하는 소외된 주민들을 통합함으로써 공적 자금의 지원을 받는 기업인 경우는 예외다. (일례로 이것은 프랑스의 경우인데 보호를 받는 작업장들, 또는 CAT가 그렇다. 그곳에서는 장애인들이 노동에 의해 그들의 존엄성을 되찾을 수 있다.) 하지만 정보 과학 덕에 전보다 적은 수의 유급 노동자들로 전보다 많이 생산할 수 있게 된 뒤로, 그리고 생산 제일주의의 우리 사회들이 노동의 가치를 다시 문제삼을 수 없게 된 뒤로 경쟁적 생산에 참여하지 않는 사람들에게 그들도 그들만의 사회적 유용성이 있다는 느낌, 정당한 느낌을 돌려 주어야 한다. 모든 사람은 자신이 유용하다고 느낄 필요가 있다. 여러 방법들 가운데 하나는 새로운 활동 분야들을 전문화시키는 것이다. 그것들을 전문화시킴으로써 우리는 그 분야의 당사자들에게 진정한 존엄성을 부여할 수 있을 것이다.

▌고용 구조 내의 이러한 변화, 당신은 그것을 기술 혁명의 단순한 산물이라고 보는가?

사회 복지 분야에서 일자리를 창출할 수 있는 여건을 만들어 주는 것이 경쟁적 분야의 효율성이다. 노동의 종말이 문제시되거나 노동이 더 이상 가치가 없다고 주장하면 안 될 것이며, 그것이 사회 복지 분야의 존재의 조건임을 인정해야 할 것이다. 우리는 노동의 종말을 향해 가고 있는 것이 아니라 노동 형태와 고용 구조의 변화를 향해 가고 있는 것이다. 대인 서비스 분야는 점점 더 많은 인원을 활용할 수 있다. 또한 개인들은 그곳에서 일하는 것이 그들의 존엄성과 어울리는 일이라는 것을 발견해야 하며, 사회 복지의 가치는 그로써 인정받아야 한다. 하지만 이런 변화들은 상업적 생산에 의해 그 재정이 뒷받침될 때에만 비로소 이루어질 수 있다.

몇몇 활동들의 가치는 어떻게 바뀔까?

그건 어려운 일이다. 왜냐하면 우리 사회는 상업적 논리의 우월성을 토대로 하여 세워졌기 때문이다. 장기적으로 볼 때 사회적 인정은 그 사람이 받는 임금에서 나온다. 앞으로는 많은 사람들이 직접적으로 경쟁적인 분야에는 참여하지 않으면서도 단체 생활에 매우 유용한 사람으로 있을 수 있게 될 것이다. 실제로 크다고 할 수 있는 그들의 유용성을 인정해야 한다. 그걸 이룰 수 있는 가장 좋은 방법은 그들을 전문화시키는 것이다. 나는 환경미화원이라는 직업의 변화에 항상 놀라곤 했다. 그것은 가장 필요한 직업이다. 오랫동안 환경미화원은 극히 형편없는 보수를 받았고 낮게 평가됐고 무슨 일이든 할 태세가 되어 있는, 이제 막 도착한 이민자들이 맡아왔다. 그런데 그 사이 그들의 임금은 두 배 혹은 세 배로 뛰어 지금은 그런 대로 만족할 만한 금액이 되었고, 노동 시간도 짧아졌다. 이는 너무나도 당연한 일이다. 그러자 기꺼이 이 일을 하고자 하는 사람들이 생겨났다. 장기적으로 보아 넓은 의미에서 사회 복지와 관련된 일자리에 위엄을 부여하려면 그들에게 좀더 많은 보수를 지불해야 할 것이다. 하지만 그것은 경쟁적 분야의 생산성이 그것을 허락할 때에만 가능한 일이다.

무역의 세계화는 대인 서비스의 발전에 제동을 걸지 않을까?

우리는 세계적 규모 면에서 경쟁적 경제의 법칙을 문화와 사회 복지 분야의 고용에 대한 반론으로 내세울 수 없다. 왜냐하면 전자는 후자의 존재의 조건이기 때문이다. 따라서 국가는 그의 예산 정책, 국고 개선, 사회적 보호 장치의 재정비에 의해 경쟁 분야의 경제 발전을 촉진하여야 한다. 그때서야 우리는 사회경제학을 발전시킬 수 있을 것이다. 경제의 경쟁 분야들의 발달이 대인 서비스 발전의 조건인 것이다.

지구상에는 자유주의 사회들만 있는 것이 아니다. 세계 시장은 상이한 노동 조직 개념과 형태를 가진 여러 사회들에 속하는 생산자들을 경쟁시킨다. 비유럽인들은 유럽인들보다 많이 일하며, 우리는 그들과 같은 시장에 참여하고 있다는 것을 잊어서는 안 된다. 경쟁력이 있어야 한다. 그것은 불가피한 일이다. 아직까지 우리는 적게 일하면서 더 부자가 되게 해주는 연금술의 돌을 발견하지 못했다. 지금 당장 유럽인들은 우리보다 더 많이 일하는 세계의 다른 지역들의 몇몇 생산자들보다 앞서 있을 것이다. 하지만 그것은 오래 가지 못할 것이다. 그들도 우리만큼 똑똑하기 때문이다.

그러니까 당신은 제레미 리프킨의 말에 동의한단 말인가?

경쟁적 생산이 어떻든 단기적으로는 지금과 같은 경제 분야들에서 좀더 적은 수의 노동자를 필요로 할 거라는 말에는, 그렇다. 하지만 그렇다고 우리가 노동의 종말을 향해 가고 있다고는 생각지 않으며, 오히려 새로운 노동 조직을 향해 가고 있다고 생각한다. 그 안에서 넓은 의미에서의 사회 복지의 일자리들은 증가할 것이다. 다시 한 번 말하지만 경쟁적 경제의 발달이 허락하는 한도 내에서 그렇다. 이것이 우리가 자본주의 초기부터 목격해 온 과정이다. 현대 경제는 개방적이고 경쟁적이다. 우리는 끊임없이 일자리들을 파괴하고 다른 일자리들을 재발명해 왔다. 모든 발명은 균형을 위태롭게 한다. 그리고 새로운 균형이 자리잡지만 그것 자체도 일시적일 뿐이다.

일자리를 파괴하는 것은 삶을 파괴하는 것이기도 하다. 생산 경쟁이란 것이 있어 우리를 끝없이 도주하게 만드는 것은 아닌가?

나는 이 '희생양 세대'의 운명을 피부로 실감하고 있다. 실업자들이 겪은 체험과 그들의 고통에 대한 조사는 충격적이다. 현대 경제가 항상 그 자신의 목적이 될 우려가 있다는 것, 자동차가 더 이상 한 장소에서 다른 장소로 더 빨리 이동하는 것을 허용하지 않는데도 일자리를 창출하기 위해 자동차를 조립하기에 이른 것은 사실이다. 생산의 논리에 사로잡혀 있을 때, 우리는 자동차가 그 자체로서 하나의 목적이 아니라는 것을 잊어버리기 쉽다.

당신은 시장의 포화 현상이 일어날 우려가 있다고 생각하지 않는가? 다시 말해 주부가 더 이상 주방용 전기 제품을 필요로 하지 않는 것 말이다.

세계적 차원에서는 포화라는 말을 입에 담기 어렵다. 세계의 많은 나라에서 주방용 전기 제품이 부족하다. 선진국의 제조업자들 중 수출을 위해 일하는 사람은 많다. 프랑스의 물리넥스 제품을 수출하자! 세계적으로 볼 때 기계에 대한 수요는 여전히 엄청나다. 그리고 프랑스에서는 보살핌과 문화에 대한 사람들의 수요가 무제한이다.

우리가 30여 년 전부터 '자동화의 도래가 그의 가장 오래 되고 가장 본질적인 짐, 노동의 짐, 필요에 대한 예속화로부터 인류를 해방할 것이라고 믿어 온' 현상——이는 하나 아렌트의 말을 인용한 것이다——을 당신은 어떻게 설명하겠는가? 하나 아렌트는 이 짐으로부터 벗어남으로써 우리가 다른 활동들을 발전시킬 수 있을 거라고 생각했다. 자동화의 도래는 하나의 신화가 아닌가?

자동화는 인간을 가장 고된 노동으로부터 해방했지만, 모든 노동으로부터 '해방한' 것은 아니다. 세탁기는 여성들로 하여금 강가에서 빨래하는 데 몇 시간을 보내지 않아도 되게 해주었다. 20세기초까지만 하더라도 시골에 사는 여성들의 사정은 그러했던 것이다. 자동화가 그 자체로서 비난받을 이유는 없다. '비어 있는 시간,' 나는 이 말이 의미하는 바를 정말 모르겠다. 우리는 다른 일자리와 다른 활동들을 창조해 왔다. 다시 말해 자동화는 인간의 모든 문제에 해답을 주지는 않는데, 이는 당연한 일이다. 인간은 삶의 이유를 스스로에게 부여해야 한다. 인간은 자신이 쓸모가 있다는 느낌을 가져야 한다. 인간이 자신의 매일의 생존을 보장해 줄 필요에 복종할 때, 그는 아마도 자신의 운명에 대한 의문을 덜 품게 될 것이다. 그들이 그로부터 자유로울 때 그들은 형이상학적인 문제들을 스스로에게 제기할 것이다. 결국 인간의 진정한 위대함이 거기에 있다. 많은 사람들이 일하지 않는 시간을 이용해 새로운 철학의 유행에도 불구하고 플라톤을 읽을지는 확실치 않다. 하지만 비지식인들을 믿어야 한다. 그들은 갖가지의 삶의 이유를 발견할 수 있다.

전에 우리가 언급한 바 있는 엘리트 계층의 위기를 넘어서 국가는 더, 그리고 특히 다른 것들과 다르게 무슨 일을 할 수 있겠는가?

왜냐하면 당신의 말을 들어 보면 이것은 돈의 문제만이 아닌 것 같기 때문이다.

정부는 경제·예산·국고·사회 복지 정책을 통해 경쟁적 경제의 발전을 도와야 한다. 프랑스에서는 정부가 국가의 자원의 절반 이상을 통제하고 있는데 이는 막대한 금액이다. 진정한 정치적 의지가 필요하다. 그런데 국고의 개혁은 가까스로 통과된다. 나는 점잖은 말로 표현해서 사회 복지 예산이 반드시 이성적으로 관리되어야 하는지도 더 이상 확신이 가지 않는다. 그들은 가련한 환자가 아침에는 이 병원에서, 오후에는 저 병원에서 남들과 똑같은 고통스러운 검사를 받는지를 여전히 너무 자주 확인한다. 이는 집단에 대해서 만큼이나 환자에 대해 지나친 처사다. 우리는 사회 복지 예산을 좀더 잘 관리하는 데 엄청난 노력을 쏟아야 한다. 그것이 정부의 예산보다 위에 있기 때문이다. 공채 관리에 관한 엄격한 규율은 사회 복지의 세계에도 적용되어야 할 것이다. 지난 해 알랭 쥐페에 의해 채택된 조치들은 올바른 방향으로 가고 있었다. 그래도 이 조치들이 통과되고 적용되기에는 충분치 않았다. 이런 필요한 노력 이외에도, 가장 가진 것이 없는 자들을 돕는 복지 국가의 연대감 이외에도 다른 방식의 비재정적 연대 의식을 고안할 필요가 있을 것이다. 동정심에 빠지지 않고도 말이다. 사적인 동정심은 신분의 차이가 당연한 것으로 간주되던 귀족 정치 사회에서나 참을 수 있는 일이다. 시민의 사회에서 시민들은 권리를 가지고 있으며, 그 권리 중 첫번째는 그들의 존엄성을 인정받아야 한다는 것이다. 지금 우리는 재정 재분배의 한계에 도달해 있다. 어떤 이들은 '우리가 한계를 지나쳤다'고까지 생각하고 있다. 비재정적인, 다른 형태의 연대 의식을 생각해 내기 위해 노력해야 할 것이다.

우리는 점점 더 많이 애매한 지위들을 마주하게 된다. 당신은 이런 사회 보장 보호 장치가 다시 등장하는 현상을 어떻게 보는가?

사회적 이동은 매우 중요하다. 실업자·퇴직자·사회 보호 대상자들은 사회 보장의 보호 장치 덕에 살아간다. 나는 설문 조사를 통해 광산학교 졸업생인 실업자들을 인터뷰했다. 높은 자격 수준이 실업을 막아 주지는 못한다. 철도 종사원들과 트럭 운전사들은 비교될 수 있는 교육 수준, 비슷한 직업을 갖고 있지만 SNCF(프랑스국유철도공사)의 신분이 그 피고용자들에게 부여한 보호 장치 때문에 사회적 지위는 다르다. 영광의 30년대 중 관공서에 근무하던 사람들은 사기업체에 근무하는 사람들보다 적은 돈을 벌었고, 사기업체의 고용의 안정은 완전 고용으로 인해 컸다. 그런데 이 모든 것이 바뀌었다. 관공서에서 고용의 안정은 상대적 특권이 되었다. 그것은 모든 공무원들을 특권자로 만들어 주지 못하고 있으며, 정확히 말하면 그 반대다. 공무원들 중 다수가 아주 적은 월급을 받고 어려운 생활 여건 속에서 살고 있다. 하지만 항구적인 사회 보장 차원에서 그들은 상대적인 특권 한 가지를 누리고 있다. 실업의 우려가 없다는 것이 그것이다.

가장 특권을 많이 누리는 계층은 공기업들에서 '한가로이 지내는' 고급 공무원들인 것이 분명하다. 우리 정치 문제로 돌아오자. 그리고 그들의 지도자들이 진짜 특권 계급을 형성하고 있다고 생각하는 시민들의 느낌——이는 나라를 위해서는 걱정할 일이다——으로 돌아오자. 고용의 사회 보장 금액을 경쟁적 기업들의 경영자의 임금에 합치면 '위기'의 시기에는 특히 불쾌한 액수로 비친다. 게다가 그들이 '책임은 있지만 죄는 없는' 자들인 경우에는 특히.

■ 당신은 생산과 기업, 그리고 시민권을 연결시키려고 노력하는 사상의 흐름을 구현하고 있다. 당신은 기업 문화의 변화를 어떻게 보는가?

기업 문화는 실업의 압력으로 인해 와해되는 경향이 있다. 노동시장을 압도하는 긴장감은 모든 사회적 관계를 어지럽힌다. 80년대 동안 프랑스인들은 표면적으로는 현대 경제와 기업으로 전향한 것 같았다. 오늘날 그들은 회사가 그들을 착취하고 있다는 느낌을 자주 갖는다. 그렇기 때문에 파업자들의 행동이 야기하는 현실적인 불편에도 불구하고 모든 파업자들을 호의적인 시선으로 보는까닭도 거기에 있다. 하지만 그렇다고 이런 문화와 결부된 기업의애사심이 사라진 건 아니다. 이는 얼마나 많은 개인들이 그들 자신의 이미지를 직업 활동에 부여하는지를 다시 한 번 보여 주고있다. 톰슨사를 상징적인 1프랑에 판 일은 그 회사의 종업원들의마음에 깊은 상처를 입혔다. 그들은 사람들이 그들과 그들의 노동을 무가치한 것으로 평가했다는 느낌을 받았다.

■ 미셀 로카르의 저서에서 노동 시간의 단축은 발전의 순서에 속하는 것으로 나타난다. 노동 시간은 50시간에서 39시간으로 줄었다. 지금은 35시간, 나아가 30시간으로까지 단축되어야 할 것이다. 당신은 사회가 노동 시간의 단축을 지향하는 것이 불가피하다고 보는가?

법적 노동 시간은 근대 경제의 초기 이래로 끊임없이 줄어 왔다. 보다 적은 노동 시간에 전과 동일한 생산량이 나올 때 그것은 발전이다. 다시 한 번 말하지만 이는 우리가 경쟁의 세상에 있다는것을 의미한다. 만일 프랑스가 세계 제4위의 수출 국가라는 위치를 지키려면 경쟁 시장에서 행해지는 것과 일치하지 않는 결정을내릴 수는 없다. 유럽인들은 이미 그들의 경쟁자인 비유럽인들보다 더 적게 일하고 있다. 덜 일하는 것이 가능한 것은 생산성 향상의 결과이어야 한다. 만일 그렇지 않다면 그것은 빈곤으로 이끌 것이다.

우리 역사에서 볼 때 노동 시간을 독선적으로 그리고 전체적으로 줄였을 때 생산은 줄었고, 국민들은 다 함께 가난해졌다. 만일 우리가 생산성과 경쟁의 조건을 고려하지 않는다면 노동 시간의 단축은 다시 한 번 빈곤화라는 결과로 나타날 것이다. 어떤 조건에서는 많은 임금 노동자가 노동을 분배함으로써 실제로 몇몇 일자리를 구할 수 있다. 그렇다면 그건 다행이다. 그렇게 해야 한다. 하지만 이는 그것이 생산성도 동시에 개선하는 재조직을 동반할 때에만 참을 수 있는 방법이 될 수 있다. 만일 그렇지 않다면 그것은 그저 생산 비용만 증가시키는 결과를 가져올 것이다. 그것은 부차적인 방법밖에 될 수 없다. 전체적인 차원의 해결책은 아니다.

미셸 로카르는 밀튼 프리드먼·장 푸라스티에 등을 인용하며 이렇게 말했다. "1930년 케인스의 저술들을 제외한 이 모든 저술들은 완전 고용이라는 상황의 산물이었다는 점에 유의해야 한다. 이 저자들로 하여금 노동 시간의 단축을 하나의 가망성으로 묘사하도록 이끈 것은 결코 실업이 아니다……"

그것이 바로 나의 논지다. 노동 시간을 단축시킨 것은 좀더 적은 시간에 좀더 많이 생산하는 것을 가능케 한 생산성의 향상이다. 노동의 감축은 그것이 생산성의 개선을 동반할 때에만 성공이었다. 그런 식으로 우리는 앞으로는 노동 시간을 단축할 수 있을 것이며, 그것은 빈곤의 분배가 아니다. 노동 시간이 단축된 시기는 생산성이 향상된 시기다.

동시에 로카르는 이렇게 썼다. "오늘날 우리의 문제는 우리의 미래에 대해 말하는 이 석학들의 말에 귀 기울이는 것을 잊어버렸다는 것이다. 그 결과가 우리가 20년 전부터 겪고 있는 위기와, 그에 따르는 빈곤·고통·불의다. 우리는 한 세기마다 반복되는 이 노동 시간을 단축하려는 추세를 망각했다. 우리의 문제들은 대부분 이 건망증에서 나온 것이다……."

다시 한 번 말하지만 노동 시간의 단축은 성장과 생산성 개선의 결과이지 실업 기간 동안 빈곤을 분배하는 일이 아니다. 만일 어떤 공장이 기계를 최대한 이용하고 시간표를 재편성함으로써 생산 비용을 증가시키지 않으면서도 각자의 노동 시간을 단축하는 데 성공했다면, 그걸 보고 우리는 기뻐할 수밖에 없다. 하지만 이것은 단지 예외적인 현상일 수밖에 없다. 전체적으로 볼 때는 경쟁 체제를 유지하고, 사회 경제 분야를 유지하기 위해 더 많이 일해야 한다.

많은 노동 분야 전문가들은 미래의 노동이 훨씬 더 많은 협력·횡단성·이동성·유연성을 갖고 상황에 따라 변할 거라고, 또한 임금 노동자의 지위는 함부로 다루어질 거라고 생각하고 있다. 당신은 앞으로 몇 년 안에 이루어질 것으로 추정되는 노동의 재조직에 관한 이런 변화에 대해 어떻게 생각하는가?

영광의 30년대의 임금 제도 사회에서 사람들은 노동의 개념을 대개는 시한이 정해지지 않은 유급 고용 개념과 동일시했다. 나는 통계상에서 '비취업 인구'로 규정된 여성들이 분노하던 모습을 기억한다! 그것은 노동에 대한 사람들의 개념을 보여 주었다. 아침부터 저녁까지 일하는 농부나 장인의 아내들이 전문적 일을 가진 것으로 인정받게 하는 데 많은 어려움을 겪었다. 거꾸로 지금 우리는 하나의 안정된 임금 제도의 끝을 목격하고 있다. 우리는 공직이라는 표본에 비해 같은 회사 내에서 합법적인 경력을 점점 덜 누리게 될 것이다. 임금 노동자들은 그들의 직위와 직업을 새롭게 정의하게 될 것이고, 한 가지 일에서 다른 일로, 한 회사에서 다른 회사로 옮기게 될 것이다. 이것은 사람들을 불안하게 만들기 쉬운 조건들이다. 부아소나의 보고서는 이 점에 관해 흥미로운 제안을 했는데, 아마도 그에 관해 정치적 토론이 전개될 것이다. 이를테면 그는 임금 노동자를 어떤 특정 회사보다는 기업망에 연결시켜 주는 법령을 만들자고 제안하고 있다. 임금 노동자는 주문에 맞춰야 하는 생산이 요구하는 대로 움직일 수 있겠지만, 이 망의 기업들 중 한 곳 또는 다른 곳에서 새로운 형태의 고용 사회 보장이 보장되는 것을 보게 될 것이다. 그는 하나의 기업망 안에서 계속 인정받으면서 취업 기간과 교육 기간 사이에 자신의 경력을 관리할 수 있을 것이다. 이렇게 함으로써 서로 상반되는 두 가지 요구, 즉 임금 노동자들의 사회 보장 요구——자신의 일에 만족하는 임금 노동자가 그만큼 더 생산성이 높다!——와 생산 조직의 유연성에 대처할 수 있을 것이다. 이런 방향에서 기업의 이익과 임금 노동자들의 이익을 일치시키기 위해 새로운 법적 양식을 생각해 내야 할 것이다. 그것은 쉬운 일이 아니지만 정치인들과 지식인들은 여기에 숙고의 노력을 기울여야 할 것이다.

▎ 사람들이 사회와 경제의 변화가 좀더 유연한 방향으로 가고 있다고 말할 때, 당신은 그것이 염려스러운 경주라는 인상을 받지는 않는가?

나는 극단적인 낙관주의자는 아니다. 자유주의 경제 체제의 세계는 대단히 효율적이며, 여지껏 이만큼 부를 생산해 본 적이 없다.

하지만 시장의 논리는 심각한 사회적 불편도 포함하고 있기 때문에 그것을 이해하고 한계를 두려고 노력해야 한다. 우리는 경제 조직의 사회적 중요성을 고려하기를 거부하는 몇몇 자유주의 경제학자들의 순진한 낙관주의에 굴하면 안 될 것이다. 현대 경제는 매우 능률적이지만 유연성도 갖춰야 한다. 어떤 이들에게는 거기에 끼는 일이 어렵다. 경쟁 시장에서 모든 사람이 유능하고 생산적일 수는 없다는 사실을 염두에 두는 공공 정책들이 필요하다.

가이 아즈나는 우리가 지위의 개념에서 기능, 즉 정해진 기간 동안 수행해야 하는 한 가지 과업의 개념으로 넘어왔다고 말하고 있다. 우리가 미국에서 정의된 이 기능주의에 너무 빨리 굴한 것은 아닐까?

우리의 인식 방식을 바꿀 필요가 있다. 개인의 유용성, 사회적 명성, 존엄성에 대한 느낌을 직업적 활동과 동일시하는 것을 그만두어야 한다. 개인은 그의 직업적 활동 속에서 하나의 지위, 공직이라는 지위의 법적 의미에서의 하나의 지위를 갖고 있다. 앞으로는 점점 더 많은 사람들이 직업 활동을 영위하면서 거기서 그들의 능력을 재정의하고, 회사와 새로운 요구들에 적응하고, 한 일자리에서 다른 일자리로, 한 회사에서 다른 회사로 옮길 것이다. 어떤 이들에게 이것은 벅찬 일이 되겠지만 절대 전적으로 '기능적'이지는 않을 것이다. 인간은 기계가 아니다. 직업 활동을 통해 인간은 무엇을 할 수 있는 그의 역량, 쓸모 있는 인간이라는 역량, 그의 능력을 보여 줄 수 있는 역량도 표현한다. 자기 자신을 표현하는 것이다. 부아소나 보고서의 작성자들에 의해 공식화된 개념은 기업의 '기능적인' 요구와 이 기본적인 욕구를 결합시키는 하나의 지위를 찾아내자는 것이다. 기본적인 욕구란 임금 노동자에게 어떤 보장을 제공하고, 따라서 개인적인 인정의 한 형태를 제공하는 하나의 지위의 존재를 말한다. 이것이 필요한 까닭은 정해진 과업 수행을 위해 한 회사를 짧은 기간 동안 스쳐 가는 행위는 실제로 너무 '기능적'으로 될 우려가 있기 때문이다.

▌오늘날 정부는 고용과 해고를 좀더 쉽게 만들려고 계획하고 있다. 당신은 노동법과 경제의 우위에 복종해야 하는 필요성 사이에 어떤 충돌이 있지 않을까 겁나지 않는가? 부를 생산하는 다른 방법은 없나?

세계 시장에서 경쟁중인 기업들에게 요구되는 유연성이라는 것과 노동법에 의해 기업 구성원들에게 필요한 보호 장치라는 것 사이에 긴장이 있는 것은 사실이다. 미국인들은 이런 긴장을 우리와는 다른 방식으로 푼다. 그들은 대량으로 거침없이 해고시킨다. 그런 다음 그 기업이 다시 이윤을 남길 때 그들을 재고용한다. 보잉의 경우가 그랬다. 이것은 자본주의의 단순한 논리로 볼 때 효과적인, 따라서 합리적인 해결책일 수 있지만 프랑스의 전통 속에서는 우리의 기분을 거스른다. 우리가 이 제도를 도입한다는 것은 상상할 수 없다. 게다가 이 제도는 프랑스의 노동법에 어긋난다. 하지만 우리는 프랑스에서 노동의 비유연성, 이를테면 거의 절대적인 '유연성'의 비뚤어진 결과 중 하나가 불법 노동의 발달이 아닌가 의심해 볼 수는 있다. 지나친 보호는 불법적 '유연성'을 강화해 줄 우려가 있다. 따라서 임금 노동자에 대한 어떤 보호를 배제하지 않는 합법적이고도 조절되는 유연성을 지향해야 할 것이다. 하지만 공적 일자리 또는 공적 일자리와 동일시되는 일자리의 비율로 보아 이것이 프랑스에서는 더 어렵다. 유연성을 증가시킴으로써 우리는 우리의 사회 보장 제도를 더 부당한 것으로 만들고 있다. 왜냐하면 우리는 이 사람들에 대한 보호와 다른 사람들의 유연성간의 간격을 넓히고 있기 때문이다. 에두아르 발라뒤르의 정부는 민간 기업의 임금 노동자들——이미 노출된——에게 완전한 은퇴를 요구하려면 40년 동안 세금을 내라고 명령했다. 현 정부는 국가가 보호하는 몇몇 분야에서 25년간 생산 활동에 종사한 후 55세, 또는 심지어 50세에 은퇴하는 것을 인정하고 있다. 유연성은 이 '새로운 불평등'을 두드러지게 할 우려가 있다.

▌그렇다. 하지만 직업에 대한 이미지에서 무엇이 바뀌었나?

바뀐 것은 하나의 직업을 배우는 것으로 충분하다는 생각이다. 이제부터는 다른 직업들을 배우는 법을 배워야 한다. 왜냐하면 모든 사람이 직업 생활을 영위하는 도중 전업해야만 하는 경우가 생길지 모르기 때문이다. 실업자들에 관한 설문 조사중에 우리는 하나의 직업에 맞게 육성된 후 그 직업이 사라지는 모습을 목격한 사람들을 만났다. 그들 중 일부는 다른 일을 다시 배우는 데 필요한 지적 수단을 갖고 있지 못했다. 즉 그들은 실업 상태였다. 이런 훈련은 하나의 직업적 경력의 당연한 단계가 되어야 하지만 그게 그렇게 간단치가 않다. 이럴 때 몽테뉴가 생각난다. 그것은 "중요한 것은 뭔가를 배우는 것이 아니라 배우는 법을 배우는 것이다"는 말이다. 안정된 삶이라는 개념은 오늘날 더 이상 통용되지 않는다. 노동자들이 로렌 지방의 제철소에 들어갔을 때 그들은 그들이 그곳에서 일생을 보낼 것이고, 액수는 적더라도 안정된 연금을 받을 거라는 걸 알고 있었다. 그것이 공직의 모델이었다. 지금은 경제가 매우 빠른 속도로 재조직되고 있으며(그 유명한 '구조 조정'이 그것이다), 많은 임금 노동자들이 그들이 10년 후에 어떤 직업에 종사하게 될지 모르는 상태다. 이것은 과소 평가하면 안 되는 불안의 원천이다. 극히 고능률적인 경제 제도 속에서는 살기도 쉽지 않지만, 그와 동시에 직업적 역량과 적응력 면에서 매우 힘들다.

당신이 《프랑스 사회학회지》에서 말한 것처럼, 신분이 일자리와의 관계에 의해 정의됨에 따라 개인이 자기 자신의 유연성에 대해 점점 더 많이 책임지게 될 때 신분은 어떻게 되겠는가?

제2차 세계대전 이후 노동법과 완전 고용 덕분에 임금 노동자의 신분은 보호 장치가 되었다. 심지어 민간 기업에서도 자신의 논리를 공직의 논리에서 따왔다. 지금 그것이 달라지고 있는 중이다. 생산의 재조직의 변화에 따라 자신의 계획들을 끊임없이 다시 검토 삼고 재정의하는 것은 모든 사람에게 쉬운 일이 아니다. 많은 사람들이 자신이 체제에 의해 보호받고 있다고 느낄 필요가 있고, 그것의 규칙에 순응할 필요가 있다. 현대 사회에서 체제는 약화되는 경향이 있고, 그와 함께 체제가 가장 약한 자들에게 베푸는 보호 정책도 약화되는 경향이 있다. 하지만 우리에겐 선택의 여지가 없다. 현대 경제는 어떤 유연성을 원하는데 많은 사람들은 사회적이면서도 개인적인 여러 가지 이유들로 인해 그것을 부담할 능력이 없다.

가이 아즈나는 자유주의적 임금 제도에 관해서도 언급했다. "그것은 여러 가지 활동의 개념, 이 새 조직의 필연적 귀결이다. 왜냐하면 기업은 더 이상 완전 고용을 보장하지 않고 임금 노동자는 다른 사람들과, 때로는 여러 장소에서 자신의 능력을 나누어 갖기 때문이다."

사실은 이런 방향으로 가야 한다. 생산에 가장 적극적으로 참여하는 사람들은 유연성의 요구를 하나의 압박으로 받아들이기보다는 긍정적으로 변화시킬 수 있다. 그들은 자기 자신을 회사에 팔 수 있고, 일부 법학자들이나 세무사들이 그렇게 하듯이 그들의 용역을 빌려 줄 수도 있다. 엔지니어나 기술자들이라고 해서 그렇게 못하란 법이 있는가? 이미 그들은 그렇게 하기 시작했다. 두세 개의 PME(중소기업총연합회)가 동일한 무역 관리자의 용역을 공유할 수 있다. 민간 기업의 취약성은 개인의 부의 원천으로 경험될 수도 있다. 이것은 여러 해 동안 똑같은 권위적인 상관에게 복종하는 대신 여러 회사 내에서 여러 직위를 연속적으로 맡는 것이다. 민간 기업의 취약성은 자기 자신에 대한 하나의 도전으로 경험될 수 있으며, 서열에 비해 더 자유로운 수단을 제공할 수 있다. 여러 개의 서열 사이에서 활동하는 것은 자신의 독립성을 지키는 일이며 자신의 존엄성을 더욱 잘 유지하는 일이다. 이런 방향으로 새로운 법적 양식을 모색해야 한다.

노동과 일자리간의 구별 문제로 돌아와 나는 우리가 제거한 세번째 용어인 '활동(activité)'이란 말을 추가하겠다.

우리 사회에서는 자기 자신의 기쁨을 위해 선택한 무상의 노동을 '활동'이라고 부른다. 만약 당신이 돈을 받지 않고 어떤 자선단체에서 봉투 붙이는 일을 한다면 그것은 활동이다. 그러나 만일 보수를 받고 공공연히 하는 일이라면 그것은 의미가 다르다. 생산주의 사회에서는 같은 행동이라도 그것이 품삯에 의해 인정받을 때 다른 의미를 지닌다. 그것이 임금 제도와 관련된 모든 권리를 낳는다.

앙드레 고르즈는 "노동이 정리 편집광들과 잇속에 혈안이 된 자들의 영역이 될 우려가 높다"는 사실과, 우리가 한쪽에는 지나치게 생산적인 사람들이 있고 다른 한쪽에는 소외된 사람들이 존재하는 두 개의 속도를 지닌 사회에 살게 될 우려가 있다는 사실에 염려를 표명하고 있다.

사실 그것은 상당히 위험한 일이다. 경쟁 분야에서 요구되는 능력의 수준은 높으며, 그것은 소수의 사람들에게만 제한되어 있다. 경쟁 상태에 있는 회사는 반일제로 일하는 두 사람보다는 유능한 한 사람이 하나의 문제를 처리하는 것을 선호한다. 그것이 누가 봐도 더 이익이 남기 때문이다. 기업이 앙드레 고르즈의 표현을 빌리자면 '소외된' 사람들, 다시 말해 세계 시장에서 경쟁적 생산에 직접 참여하지 않는 사람들이 대인 서비스 분야에서 일자리를 발견할 수 있어야 하는 까닭도 바로 거기에 있다.

하지만 경쟁 분야가 대인 서비스 분야의 일자리를 창출하지 않으면 어떻게 되는가?

직업 생활이 이론상 상업적 논리를 따르는 많은 사람들은 무상 활동을 하는 데에서 특별한 기쁨을 누린다. 무상 활동은 정확하게 이 논리에서 벗어나는 데도 말이다. 미국에는 사적 단체가 셀 수 없이 많으며 매우 활동적이다. 프랑스에도 역시 많은 무상 활동들이 벌어지고 있다. 이를테면 축구 클럽을 움직이는 무보수 활동가들은 저소득층 청소년들의 통합에 큰 역할을 하고 있다. 그들은 이 활동에 자주 많은 시간을 할애하는 훌륭한 사람들이다. 그들의 역할을 상징적으로 인정하고, 만일 그들이 원할 경우엔 그들의 일이 직업화될 수 있을 때를 기다려야 할 것이다.

당신은 이 상징적 인정이 어떤 형태로 되어야 한다고 생각하는가?

글쎄…… 그들에게 레지옹도뇌르 훈장을 줄 수도 있겠지. 그 훈장이 대개 이미 부유하고 막강한 사람들의 성공에 봉헌되는 까닭을 모르겠다. 민주주의 사회에서 한 인물에게 특권과 인정을 몰아주는 데 협력해서는 안 될 것이다. 우리는 또 그들에게 SNCF(프랑스국유철도공사)와 에어 프랑스 직원들, 혹은 퇴역 장군들이 누리는 혜택인 운임에 대한 할인을 제공할 수 있을 것이다. 단체로 하면 그렇게 비싸지는 않을 것이다. 베아트리스 댕티냐노는 이런 관점에서 '자본 시간' 제도를 만들자고 제안했다. 그것은 노인들을 돕는 데 시간을 할애하는 비교적 젊은 나이의 성인들이 훗날 그들이 늙었을 때 도움을 받을 똑같은 권리를 인정받게 될 거라는 내용이다. 그것은 가족의 연대감이 약해질 때 금전이 아닌 형태로 세대간의 연대감을 굳건히 만들어 줄 것이다.

당신은 배척에 대한 투쟁 방법 중 가장 좋은 것이 무엇이라고 생각하는가?

사람들은 흔히 "다시 성장하는 것만으로는 '위기'를 해결하기에 충분하지 못할 것이다"고 말한다. 성장은 경쟁적 기업들의 '사회 복지 계획'을 직접적으로 방해하는 데 기여하지는 않을 것이다. 하지만 그것은 우리가 말한 대인 서비스 분야를 발전시킬 것이다. 성장은 새로운 활동 분야를 육성하고 개혁하는 데 필요한 조건이다.

배척에 맞서 직접 싸우려면 배척된 자들에게 그들의 존엄성의 의미를 되돌려 주어야 한다. 이것은 물론 물질적 도움을 거치겠지만 그것이 전부는 아니다. 이 일이 어려운 까닭이 거기에 있다. SDF(일정한 주거지가 없는 사람들)를 위해 구호소를 지어 그들에게 숙소를 제공하고 거리에서 얼어죽지 않게 하는 것만으로는 충분하지 않다. 물론 그렇다고 구호소를 지을 필요가 없다는 말은 아니며, 단지 배척이 물질적 차원만이 아니라는 것을 상기하자는 것이다. 구호소에서 부양받기를 거부하는 것은 그의 존엄성을 주장하는 최후의 수단을 의미할 수 있다. 모든 사회에는 소외되는 사람들이 있기 마련이다. 하지만 부유하고 민주적인 사회에서 그것은 참을 수 없는 일이다. SDF는 단순히 가난한 자들이 아니다. 그들은 모욕당한 자들이다.

그 경우 국가는 무엇을 할 수 있나?

국가가 모든 것을 할 수는 없다. 국가는 사회의 개입의 합법성을 주장하고 그것을 조직할 수 있고 시설을 짓는 데 기여할 수 있다. 하지만 국가의 주된 역할은 사전에, 장기적으로, 배척을 이끄는 과정들이 시작되기 전에 개입하는 것이 되어야 한다. 조정하는 역할은 중요하다. SDF를 위한 피난처를 지어야 한다. 하지만 이것은 이미 명예가 실추된 뒤에 개입하는 것이다. 그보다는 좀더 일찍 행동하려고 노력할 필요가 있을 것이다. 학교 또는 기업의 개혁이 배척에 대한 최상의 정책이라는 것을 주장할 수 있다. 이것은 역설이 아니다.

조정하는 행동으로 말하면 그것 역시 개인들과 사적 모임들의 역할을 강조할 필요가 있다. 정당들·ARC(연대기금) 같은 준공공단체들——우리가 이해할 수 있는——에 관해, 일반적인 기구들에 관해 보편화된 현재의 의혹은 많은 개인들로 하여금 일체의 정치 밖에서 인도주의적이고 무보수적인 활동들을 하게 만들었다. 설령 때로는 정치가들이 여러 협회를 창설함으로써 그것들을 회복하려고 노력한다고 하더라도, 이런 활동은 사회적 유대를 창조하지만 사람들은 그것이 정치 밖에서 전개된다는 사실에 민감할 수밖에 없다. 이것은 또한 정치적 모임과 시민들간의 단절의 표시이기도 하다.

■ 만일 우리가 대인 서비스 분야에서 일자리를 개발한다면 그것의
■ 조건은 어떤 것이 될까?

아이들과 노인들을 돌보는 것은 기계를 조립하는 것보다 도덕
적으로 못하지 않다. 다만 사회는 그 사회가 몇십 년 전부터 투자
하여 만들어 온 기계와 물건들을 중심으로 형성됐다. 사람들을 돌
보는 사람들, 의사나 교수들이 비록 높은 수준의 남들로부터 인정
받는 능력을 가지고 있긴 하지만, 그들의 영향력은 좀더 직접적으
로 생산에 참여하는 기사들과 사업가들을 위해 끊임없이 낮아져
왔다. 그렇지만 비록 기술적으로는 보잘것 없더라도 공동 생활에
는 여러 직업들이 필요하다. 우리가 그 직업들에 대해 갖고 있는
이미지를 바꿔야 한다. 사회 복지와 관련된 직업들은 평가 절하되
고 있다. 그것은 생산주의 논리가 우리 사회에서 지배적이기 때문
이고, 또한 주로 여성들이 그 직업들에 종사하고 있기 때문이다.
이 둘은 서로 깊은 관련이 있다. 그렇지만 경쟁적인 경제에 참여
하는 것이 유용한 사람이 되는 유일한 방법은 아니다. 인본주의적
가치들을 복습할 필요는 있지만 자본주의의 효율성을 가능케 한
것들을 비난하거나 파괴해서는 안 될 것이다.

■ 이 직업들을 다시 인기 있게 만드는 방법은?

가치관과 그것의 표현을 바꾸는 것은 쉽지 않다. 생산과 생산에
관련된 조직의 노동말고 다른 형태의 사회 생활에의 참여를 어떻
게 분간할 수 있을까? 어떻게 하면 물건의 생산보다 사람들을 돌
보는 행위에 가치를 다시 부여할 수 있을까? 이것은 정치인들과

지식인들의 숙제일 것이다. 그들은 세상을 고발하면서 이상 국가를 마음에 품는 대신 세상을 개선하기 위해 노력해야 할 것이다. 기계의 원래 의미를 되찾을 필요가 있을 것이다. 그것은 인간을 해방시키기 위한 도구로 남아야지 목적 그 자체는 아니다.

▌ 생산 중심의 가치관이 사람 중심의 가치관으로 이동하는 이러한
▌ 현상을 당신은 불가피하다고 보는가?

내가 보기에 그것은 예측할 수 있는 일이고 장기적으로 볼 때는 다행한 일이다. 그것은 인본주의적 가치관으로 돌아가는 일이다. 하지만 그러면서도 우리는 얼마든지 희생된 세대의 고통을 잘 감지할 수 있고, 민주주의적 가치관과 연대성의 이름으로 국가가 이 고통을 보상하려고 노력할 필요가 있다고 판단할 수 있다. 생산주의의 논리는 계속 중심 논리로 존재하겠지만, 우리는 대인 서비스 분야가 직접적으로 경쟁적 생산에 기여하는 일자리들보다 존엄성면에서 못하지 않다고 생각해야 한다. 왜냐하면 사실이 그렇기 때문이다. 우리는 이런 방향으로 가고 있다. 이를테면 우리는 고등 교육 학위를 소지한 초등학교 교사들에게 좀더 큰 지적 권한을 부여하기 시작하고 있다. 생산주의적 사회의 기본 원칙을 문제삼지 않으면서도 사회 생활과 관련된 많은 직업들이 더 많이 존경받을 가치가 있다는 것을 알릴 필요가 있을 것이다.

▌ 그렇게 되려면 어떻게 해야 하는가?

이미 말했다시피 지금 우리에게 충분한 금전이 없어서 이런 직업들을 전문화시킬 수 없다면, 적어도 그들의 유용성을 상징적으로 인정할 수는 있을 것이다. 집단의 가치관은 천천히 변하지만, 그래

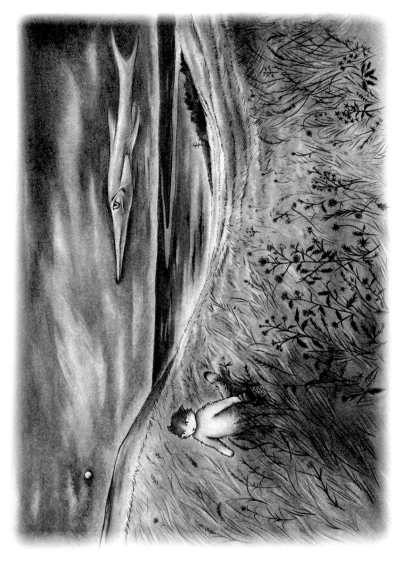

도 변한다. 여성들은 여전히 가정 안에서 무시할 수 없는 무상의 노동의 일부를 보장하고 있다. 그것을 열두 아이의 어머니들에게 주는 메달말고 다른 식으로 인정할 필요가 있을 것이다. 그렇다고 여성들이 그들의 활동에 대한 직업적 인정에 의해 그들의 존엄성을 획득했다는 것을 잊어서는 안 된다. 그것은 간단하지가 않다. 대인 서비스가 경쟁적 경제 생활에 대한 참여도만큼의 능력을 요구한다는 것을 인정하게 하는 것은 여전히 어려울 것이다! 하지만 우리는 적어도 그들의 유용성, 나아가 그들의 필요성을 환기시킬 수는 있을 것이다. 물건의 생산에 대한 가치 부여에서 인간 사이의 관계에 대한 가치 부여로 넘어가는 것은 일종의 문화 혁명이라 할 수 있을 것이다. 자본주의와 시장을 비난하는 것은 상식 밖의 일이지만, 상업적 관계 밖에서 인간 사이의 관계의 의미와 공민 정신의 의미를 되찾는 것은 바람직한 일일 것이다.

▌ 이런 상황은 노동자 겸 시민이 사회의 현실이라는 사건에 더 민감해야 한다는 것을 함축하지는 않는가?

현대 사회는 자기 자신을 알기를 희망한다. 그것은 그 자신의 기능을 지식에 대한 그의 전반적 계획의 목표로 삼는 학문적 사회다. 사회학이 탄생한 것도 이런 학문적 야심에서였다. 하지만 그것이 전부는 아니다. 민주주의의 계획은 원칙적으로 정치적 토론의 공개성을 내포한다. 모든 시민은 알 권리가 있다. 왜냐하면 그들은 최고의 권한을 가졌고, 그들의 통치자를 판단해야 하기 때문이다.

▌ 민주주의적 계획에 대한 이런 재정의(再定義) 작업에서 사회학자가 맡아야 할 역할은 무엇인가?

최초의 사회학자들에겐 개혁의 의지가 있었다. 뒤르켐은 "만일 사회학이 사회의 기능을 개선시키지 못한다면 그것은 한 시간도 공부할 가치가 없다"고 말했다. 마르크스는 부르주아 사회를 이해하는 동시에 거기에 영향을 끼치고자 했다. 내가 보기에 우리 세대는 더 조심스러운 것 같다. 나는 사회학자들이 만장일치하여 그들의 역할이 어떠해야 함을 표명하리라고는 생각지 않는다. 이 점에 대해 의아해할 사람이 많기 때문이다. 그들이 혁명가이기를 그만둔다면 그것은 사회 질서와 그것의 부당함에 찬동하기 때문일 것이다. 나의 개인적인 생각으로는 사회학의 계획은 사회 질서를 표출하기에 당연히 비판적으로 보인다. 조사들은 이미 공표된 가치들——특히 정치적 합법성의 기초가 되는 평등 사상——과 사회적 현실간의 괴리를 필연적으로 보여 주고 있다. 조사들은 민주주의 원칙들이 그것들의 일상적인 적용 안에서 어떻게 제한되거나, 심지어는 우롱당하는가를 폭로하지 않을 수 없다. 그렇지만 사회학자들은 우리 사회처럼 자유로운 민주주의 사회에서 일할 때 이러한 고발의 역할에만 그쳐서는 안 되며, 비판들을 역사화하고 절대성을 부인함으로써 현대 사회에 적절하게 영향을 미칠 수 있도록 해야 할 것이다. 우리는 현대 사회의 가치관, 그것이 주장하는 평등의 이름으로 이미 공표된 가치들의 너무나 현실적인 효과와, 그 또한 너무나 현실적인 그 가치들에 대한 위반을 동시에 분석할 수 있다. 내가 생각하는 사회학자의 사회적 역할은 본질적으로 교육적이다. 그는 다른 사람들이 그들의 사회적 행동과 운명의 의미를 자각하도록 도와야 한다. 그것은 결코 무시할 수 없는 일이다. 그는 사회 구조의 변화(이를테면 사회적 불평등의 변화 같은)를 폭로함으로써, 오늘날의 사건들을 역사화함으로써(1830년에 사람들은 '노동의 종말'을 논하고 있었다), 그리고 공개 토론에서 사용되는 용어들의 뜻을 분명히 밝힘으로써 사회 현실들을 생각하도록 도와야 한다. 단어의 의미를 명확히 하는 것은 민주주의에서는 중요한 일이다. 왜냐하면 민주주의는 원칙적으로 대화에 의해 갈등을 해결하려고 노력하기 때문이다. 민주주의 체제에서 단어는 단순히 토론의 도구 노릇만 하는 게 아니라 토론의 목적이기도 하다. 프랑스 땅에서 태어나고 학교를 다닌 프랑스 시민들을, 그들이 이민자의 아들 혹은 손자라는 이유로 '이민자'라고 부르는 것은 순진무구한 행위가 아니다! 만일 중심 인물들이 그들이 사용하는 단어를 정의한다면 많은 수의 자칭 공개 토론이라고 하는 것들이 사라지게 될 것이다. 사회학자는 또한 사람들이 질서라고 말하는 것, 이상적 질서 또는 원칙적 질서와 사회 현실의 질서에 기여해야 한다. 우리는 구체적 현실 속에서 본 오늘날의 학교와 쥘 페리의 학교의 신화를 비교해서는 안 된다. 쥘 페리의 학교도 프랑스의 모든 마을에서 우리가 과거를 돌이켜보고 향수에 젖어 그것에서 부여한 모든 미덕들을 실제로 갖고 있었던 것은 아니다. 사회학자는 당사자들의 의도에 의해 변경된 공공 정책들의 객관적 효과를 분석할 수 있다. 결론적으로 그는 똑같이 존중할 만한 야심들, 즉 모든 문화적 특수성을 인정하는 것과 기회를 균등하게 제공하는 것, 임금 노동자들의 사회 보장을 보장하는 것과 경제 단체를 갖는 것, 좀더 적게 일하는 것과 부자가 되는 것 등의 모순들을 강조할 수 있다. 먼저 해야 할 것을 선택하고 모순되는 요구들을 실제적으로 가능한 한 가장 덜 나쁘게 결합해야 한다. 결국 프랑스인들은 가난해질 것을 각오하고, 집단적으로 덜 일하기로 결심할 수 있다. 그것은 나름대로의 논리를 가진 선택이다. 하지만 그들에게 딜레마(궁지)라는 용어를 제시하고 덜 일하면 부자가 될 수 없다는 말을 해야 하는 것은 사회학자의 몫이다.

따라서 사회학자는 항상 낙관적인 꿈꾸기를 방해하는 사람, 경쟁 없고 권위 없고 투쟁 없는 사회, 좀더 우리를 흥분시키는 사회에 대한 희망 속에서 계속 살 수도 있는 사람들을 맥빠지는 일상의 현실로 끌고 가는 사람으로 보일 우려가 있다. 사회 생활의 속박들을 상기시키는 것은 힘만 들고 실속 없는 역할이다! 사회학자들을 인기 있게 만들 만한 것이 아무것도 없다. 그리고 우리는 그들 중 다수가 사회적 이상을 널리 알리거나 공급하는 역할에 만족하는 까닭을 이해할 수 있다. 그것이 누가 보기에도 더 만족감을 주는 역할인 것이다! 그렇지만 나는 사회학자는 있는 그대로의 사회 현실을 분석함으로써 사회학자로서 민주 사회의 일상의 실천에 참여할 수 있다고 생각한다. 그렇게 해야만 공개 토론의 공개성에 기여할 수 있다. 또 민주 사회가 꿈꿀 만한 소재를 항상 제공하는 것도 아니다.

사회학은 투명한 사회를 만들었나?

비록 우리가 진보했다고 해도 사회 문제에 대한 지식은 제한된 사실에 머물러 있다. 우리는 소득의 불균형을 더 잘 알고 있고, '사건들'의 폭발은 모든 시민에게 정계·행정계·산업계, 심지어는 그들 중 다수가 수상하게 여기지 않았던 의료계의 작동 방식을 드러내 보였다. 게다가 이 경우, 기자들이 사회학자들보다 더 효과적인 역할을 했지만 대체로 양쪽 다 거기에 기여하고 있다. 물론 방식은 다르지만. 사회학자들의 작업도 '제로 이민'의 신화를 일소하고, 민주주의 사회가 개방적일 수 있고 개방적이어야 하지만 감독과 반성 없이는 그렇게 될 수 없으리라는 사실을 상기시키는 데 도움이 됐을 것이다. 물론 지식이 완전할 수는 없으며, 그것은 아마도 바람직한 일이 아닐 것이다. 그것은 새로운 빅브라더의 출현일 것이다! 하지만 그래도 우리는 민주주의적 합법성의 원칙 자체와 결부된 광고 논리의 발전을 목격하고 있다.

■ 당신은 직업적 신분의 불안정성이 시민권의 상실을 가져오지 않을까 걱정되지는 않는가? 왜냐하면 우리가 안정된 직장을 가졌을 때 시민으로 남기가 더 용이하기 때문이다.

우리가 일정한 경제적 여건들의 혜택을 받지 못할 때 우리를 진정한 시민이라고 할 수 없는 것이 사실이다. 마르크스주의 비평은 그러한 점에서 옳으며, 시민권은 배고플 때 먹지 못하거나 자신의 존엄성을 보장하기에 충분한 물질적 여건 속에서 살지 못하는 사람에게는 의미가 없다. 우리가 생산주의 사회에 사는 한 그것은 더욱 그러하다. 하지만 그렇다고 해서 이 물질적 여건들을 시민권의 동의어로 만들어서는 안 된다. 물질적 안정은 필요한 것이긴 하지만 시민권의 자유·평등과는 다르다. 그것은 시민권의 진정한 행사에 필요한 조건이다. 경제적 생활이 정치적 사회와 혼동되어서는 안 된다. 서로 밀접한 관계를 맺고 있는 노동자의 존엄성과 시민의 존엄성은 임금 제도와 완전 고용의 확산 덕에 제2차 세계대전 이후 인정받게 되었다. 오늘날의 문제는 노동의 다른 형태들의 존엄성을 충분히 인정하는 것이다. 하지만 경쟁 분야의 일시적인 혹은 유동적인 일자리들——만일 이 유동성이 통제되고 계획된 거라면——그리고 대인 서비스 분야의 일자리들——이에 관해서는 발전을 예측하고 기대해 볼 수 있다——도 시민권과 그렇게 모순되지는 않는다.

참고 문헌

ARENDT Hannah, 《현대적 인간의 조건 *Condition de l'homme moderne*》, 1958; 칼만 레비 출판사 재판, '아고라' 총서, 파리, 1988.

AZNAR Guy, 《고용: 대변동 *Emploi: la grande mutation*》, 아셰트 출판사, '사회의 문제들' 총서, 파리, 1996.

BOISSONNAT Jean(지휘), 《20년 후의 노동 *Le Travail dans vingt ans*》, 오딜 자콥 출판사/프랑스의 문헌 조사, 파리, 1995.

CASTEL Robert, 《사회 문제의 변형: 임금 제도 연표 *Les Métamorphoses de la question sociale: une chronique du salariat*》, 파야르 출판사, 파리, 1995.

COTTA Alain, 《노동하는 인간 *L'Homme au travail*》, 파야르 출판사, 파리, 1987.

DURKHEIM Émile, 《사회분업론 *La Division sociale du travail*》, 1893; PUF 출판사 재판, '콰드리주' 총서, 파리, 1991.

FOURASTIÉ Jean, 《우리는 왜 일하는가? *Pourquoi nous travaillons?*》, PUF 출판사, '크세주' 총서, 파리, 1984.

FRIEDMANN Georges, 《인간의 노동은 어디로 가는가? *Où va le travail humain?*》, 갈리마르 출판사, 파리, 1963.

GORZ André, 《노동의 변형. 의미의 탐색 *Métamorphoses du travail. Quêtes du sens*》, 갈릴레 출판사, 파리, 1988.

HABERMAS Jürgen, 〈복지 국가의 위기 La crise de l'État-providence〉, 《정치적 저술들. 문화, 법, 역사 *Écrits politiques. Culture, droit, histoire*》, 세르프 출판사, 파리, 1990.

IRIBARNE Philippe d', 《명예의 논리: 기업의 경영과 국가의 전통 *La Logique de l'honneur: gestion des entreprises et traditions nationales*》, 쇠유 출판사, 파리, 1989; 쇠유 출판사 재판, '푸앵 에세' 총서, 파리, 1993.

LAFARGUE, 《게으를 권리 *Le Droit à la paresse*》, 1880; 라 데쿠베르트 출판사 재판, 파리, 1969.

MARX Karl, 《1844년의 경제학-철학 초고 *Manuscrits de 1844*》, 에디시옹 소시알 출판사, 파리, 1972.

MARX Karl, 〈정치경제학 비판 초고 Ébauche d'une critique de l'économie politique〉, 〈공산주의와 소유 Communisme et propriété〉, 《전집, 경제학 *Œuvres, Économie*》, 파리, 제2권, 1979, 89쪽.

MÉDA Dominique, 《노동, 실종 상태인 하나의 가치 Le Travail, une valeur en voie de disparition》, 오비에 출판사, '알토' 총서, 파리, 1995.

MILL John Stuart, 《공리주의 L'Utilitarisme》, 1863; 플라마리옹 출판사 재판, '샹' 총서, 파리, 1993.

PAUGAM Serge(지휘), 《배척, 지식의 상태 L'Exclusion, l'état des savoirs》, 라 데쿠베르트 출판사, 파리, 1996.

PERRET Bernard, 《노동의 미래 L'Avenir du travail》, 쇠유 출판사, '가까운 역사' 총서, 파리, 1995.

RIFKIN Jeremy, 《노동의 종말 La Fin du travail》, 라 데쿠베르트 출판사, 파리, 1996.

ROCARD Michel, 《난관을 헤쳐 나갈 방법들 Les Moyens d'en sortir》, 쇠유 출판사, 파리, 1996.

ROSANVALLON Pierre, 《경제적 자유주의. 시장 개념의 역사 Le Libéralisme économique. Histoire de l'idée de marché》, 쇠유 출판사, '푸앵 에세' 총서, 파리, 1989.

SCHNAPPER Dominique, 《통합의 프랑스 국민의 사회학 La France de l'intégration. Sociologie de la nation》, 갈리마르 출판사, 파리, 1991.

SCHNAPPER Dominique, 《실업의 시련 L'Épreuve du chômage》, 갈리마르 출판사, '폴리오 악튀엘' 총서, 파리, 1994.

SCHNAPPER Dominique, 《시민들의 공동체 La Communauté des citoyens》, 갈리마르 출판사, 'nrf/essais' 총서, 파리, 1994.

SCHWARTZ Yves, 《노동의 체험과 지식 Expérience et Connaissance du travail》, 메시도르 에디시옹 소시알 출판사, 파리, 1988.

SMITH Adam, 《국부의 성질과 원인에 관한 연구 Recherches sur la nature et les causes de la richesse des nations》, 1776; 가르니에 플라마리옹 출판사 재판, 파리, 1991.

TOCQUEVILLE Charles Alexis Clérel de, 《미국의 민주주의 De la démocratie en Amérique》, 1835-1840; 가르니에 플라마리옹 출판사 재판, 파리, 1981, 제2권.

VINCENT Jean-Marie, 《노동에 대한 비판 Critique du travail》, PUF 출판사, '이론적 실천' 총서, 파리, 1987.

WEBER Max, 《경제와 사회 Économie et société》, 1922; 프레스 포켓 출판사 재판, '아고라' 총서, 파리, 1995, 제2권.

WEIL Simone, 《노동의 조건 La Condition ouvrière》, 갈리마르 출판사, '희망' 총서, 파리, 1951.

김교신

1998년 서강대 불문과 졸업

역서 : 《어른이 되기는 너무 힘들어》《닥터 미셸》
《세기말의 동물 이야기》《휴먼 게놈을 찾아서》
《새내기 아빠의 프로 육아법》《나일 강의 예언》
《르 코르뷔지에》《레오나르도 다 빈치》
《라틴 문학의 이해》등

현대신서
82

노동의 종말에 반하여

초판발행 : 2001년 7월 20일

지은이 : 도미니크 슈나페르
옮긴이 : 김교신
펴낸이 : 辛成大
펴낸곳 : 東文選

제10-64호, 78. 12. 16 등록
110-300 서울 종로구 관훈동 74
전화 : 737-2795
팩스 : 723-4518

ISBN 89-8038-182-4 04300
ISBN 89-8038-050-X (현대신서)

【東文選 現代新書】

69 리조복식도감	리팔찬	절판
70 娼 婦	A. 꼬르벵 / 李宗旼	22,000원
71 조선민요연구	高晶玉	30,000원
72 楚文化史	張正明	근간
73 시간, 욕망 그리고 공포	A. 꼬르벵	근간
74 本國劍	金光錫	40,000원
75 노트와 반노트	E. 이오네스코 / 박형섭	절판
76 朝鮮美術史研究	尹喜淳	7,000원
77 拳法要訣	金光錫	10,000원
78 艸衣選集	艸衣意恂 / 林鍾旭	14,000원
79 漢語音韻學講義	董少文 / 林東錫	10,000원
80 이오네스코 연극미학	C. 위베르 / 박형섭	9,000원
81 중국문자훈고학사전	全廣鎭 편역	15,000원
82 상말속담사전	宋在璇	10,000원
83 書法論叢	沈尹默 / 郭魯鳳	8,000원
84 침실의 문화사	P. 디비 / 편집부	9,000원
85 禮의 精神	柳肅 / 洪 熹	10,000원
86 조선공예개관	日本民芸協會 편 / 沈雨晟	30,000원
87 性愛의 社會史	J. 솔레 / 李宗旼	18,000원
88 러시아미술사	A. I. 조토프 / 이건수	16,000원
89 中國書藝論文選	郭魯鳳 選譯	25,000원
90 朝鮮美術史	關野貞 / 沈雨晟	근간
91 美術版 탄트라	P. 로슨 / 편집부	8,000원
92 군달리니	A. 무케르지 / 편집부	9,000원
93 카마수트라	바쨔야나 / 鄭泰爀	10,000원
94 중국언어학총론	J. 노먼 / 全廣鎭	18,000원
95 運氣學說	任應秋 / 李宰碩	8,000원
96 동물속담사전	宋在璇	20,000원
97 자본주의 아비투스	P. 부르디외 / 최종철	6,000원
98 宗敎學入門	F. 막스 뮐러 / 金龜山	10,000원
99 변 화	P. 바츨라빅크 外 / 박인철	10,000원
100 우리나라 민속놀이	沈雨晟	15,000원
101 歌訣 (중국역대명언경구집)	李宰碩 편역	20,000원
102 아니마와 아니무스	A. 융 / 박해순	8,000원
103 나, 너, 우리	L. 이리가라이 / 박정오	10,000원
104 베케트연극론	M. 푸크레 / 박형섭	8,000원
105 포르노그래피	A. 드워킨 / 유혜련	12,000원
106 셸 링	M. 하이데거 / 최상욱	12,000원
107 프랑수아 비용	宋 勉	18,000원
108 중국서예 80제	郭魯鳳 편역	16,000원
109 性과 미디어	W. B. 키 / 박해순	12,000원
110 中國正史朝鮮列國傳(전2권)	金聲九 편역	120,000원